Erpressungs-Trojaner
Erste Hilfe und Schutz
für Windows-PC

Wolfram Gieseke

Erpressungs-Trojaner
Erste Hilfe und Schutz
für Windows-PCs

Trojaner entfernen
Daten retten
Infektionen und Daten-
verluste vermeiden

Dieses Werk einschließlich aller Inhalte ist urheberrechtlich geschützt. Alle Rechte vorbehalten, auch die der Übersetzung, der fotomechanischen Wiedergabe und der Speicherung in elektronischen Medien.

Bei der Erstellung von Texten und Abbildungen wurde mit größter Sorgfalt vorgegangen. Trotzdem sind Fehler nicht völlig auszuschließen. Verlag, Herausgeber und Autoren können für fehlerhafte Angaben und deren Folgen weder eine juristische Verantwortung noch irgendeine Haftung übernehmen. Für Anregungen und Hinweise auf Fehler sind Verlag und Autor aber dankbar.

Die Informationen in diesem Werk werden ohne Rücksicht auf einen eventuellen Patentschutz veröffentlicht. Warennamen werden ohne Gewährleistung der freien Verwendbarkeit benutzt. Nahezu alle Hard- und Softwarebezeichnungen sowie weitere Namen und sonstige Angaben, die in diesem Buch wiedergegeben werden, sind als eingetragene Marken geschützt. Da es nicht möglich ist, in allen Fällen zeitnah zu ermitteln, ob ein Markenschutz besteht, wird das ®-Symbol in diesem Buch nicht verwendet.

Die Deutsche Nationalbibliothek verzeichnet diese Publikation in der Deutschen Nationalbibliografie; detaillierte bibliografische Daten unter http://dnb.dnb.de

© 2016 Wolfram Gieseke

Herstellung und Verlag: BoD – Books on Demand, Norderstedt

ISBN: 978-3-7412-3705-8

Vorwort

Erpressungs-Trojaner sind eine ernstzunehmende Gefahr für Windows-PCs und entwickeln sich zu einer wahren Plage. Ein unachtsamer Dateidownload oder auch nur der Besuch auf einer obskuren Webseite und schnell ist ein Schaden entstanden, der sich nicht mal eben so beseitigen lässt. Einmal aktiv, verschlüsseln Erpressungs-Trojaner alle Dokumente, Bilder, Musikstücke, Videos und sonstige Dateien, derer sie habhaft werden können. Ein Zugriff ist für den Benutzer dann nicht mehr möglich, der Inhalt verloren.

Es sei denn, man lässt sich auf die Erpressung ein und zahlt die geforderte Summe. Mit etwas Glück erhält man daraufhin das Passwort, mit dem man die Dateien wieder entschlüsseln kann - eine Garantie dafür gibt es aber nicht.

Es gibt mittlerweile ein ganzes Arsenal solcher Erpressungs-Trojaner in freier Wildbahn und es kommen ständig neue Varianten hinzu. Manche enthalten Schwachstellen, so dass sich ihre schädliche Wirkung rückgängig machen lässt. Bei anderen hingegen sind bislang keine Gegenmittel bekannt. Deshalb ist es wichtig, sich im Ernstfall darüber klar zu werden, mit welchem Schädling man zu tun hat und welche Optionen zur Verfügung stehen.

Am Besten aber lässt man es gar nicht erst soweit kommen. Der zweite große Schwerpunkt dieses Buchs ist Schutz und Vorsorge. Neben Abwehrmaßnahmen gehört dazu vor allem ein effizientes und wirkungsvolles Backup-System, durch das Sie im Falle eines Falles keine dramatischen Datenverluste zu befürchten brauchen.

Bei einem dynamischen Thema wie Erpressungs-Trojanern gibt es ständig neue Entwicklungen und Erkenntnisse sowie. Betrachten Sie deshalb bitte meinen Blog unter _www.gieseke-buch.de_ als Online-Ergänzung dieses Buchs, wo Sie stets Aktuelles rund um das Thema finden, Fragen stellen und Anmerkungen loswerden können.

Wolfram Gieseke

Inhaltsverzeichnis

Das 1x1 der Erpressungs-Trojaner — 7
Wie kommen Erpressungs-Trojaner auf den PC? — 7
Wie funktionieren Erpressungs-Trojaner? — 8
Welche Möglichkeiten hat man im Ernstfall? — 10
Wer steckt dahinter? — 12

Im Ernstfall richtig reagieren — 13
Sofortmaßnahmen — 13
Den Übeltäter sicher identifizieren — 15
Den Schädling recherchieren — 17
Den Schädling loswerden — 18
Die Dateiverschlüsselung aufheben — 27

Schützen und Vorbeugen — 33
Infektionen vermeiden — 33
Spezialtools gegen Trojaner — 38
Solide Backup-Strategie gegen Datei-Erpresser — 43
Duplicati: Backups definieren und jederzeit ausführen — 47
Einen Sicherungsauftrag definieren — 49
Dateien aus einer Sicherung wiederherstellen — 52
Backup beim Anschließen eines USB-Mediums starten — 54
Sicherungen auf einem NAS speichern — 60

Zum Schluss… — 67
Eine Bitte in eigener Sache — 67

Stichwortverzeichnis — 69

Das 1x1 der Erpressungs-Trojaner

Durch Erpressungs-Trojanern hat der Angriff mit Schadsoftware auf PCs eine neue Qualität erreicht. Bislang stand bei Computerviren und Trojaner vor allem die eigene Ausbreitung im Fokus, vielleicht noch das Kontrollieren des PCs zwecks Eingliederung in ein Botnetz für finstere Zwecke. Datenverluste waren dabei eher Kollateralschäden, teils billigend in Kauf genommen, teils durch Unachtsamkeit der Schadsoftware-Entwickler bedingt. Beim Erpressungs-Trojaner aber stehen die Daten des Benutzers ganz eindeutig im Fokus. Der Zugriff darauf sollen verhindert und erst nach Zahlung eines „Lösegeldes" wieder freigegeben werden.

Wie kommen Erpressungs-Trojaner auf den PC?

Die Einfallswege von Erpressungs-Trojanern gleichen denen von anderen Schädlingen, wobei die verschiedenen Varianten sich bei den Infektionswegen unterscheiden bzw. gerne auch mehrere Wege gleichzeitig gehen.

- Besonders häufig werden Erpressungs-Trojaner per E-Mail als Dateianhang verschickt. Die Mails werden dabei immer ausgefeilter und ahmen beinahe perfekt Telefonrechnungen, Bestellbestätigungen bei Online-Händlern oder wichtige Nachrichten von Finanzdienstleistern nach. So werden die Empfänger in Versuchung geführt, die angehängten Dateien ohne langes Nachdenken zu öffnen.

- Ebenfalls beliebt sind Cloud-Dienste wie Dropbox, OneDrive oder Google Drive. Per E-Mail werden Links auf entsprechende Downloads verschickt, wobei dem Empfänger der Download auf verschiedene Arten schmackhaft gemacht wird.

- Ein anderer Einfallsweg ist der Webbrowser, wo Sicherheitslücken im Browser oder in Addons genutzt werden, um Programme herunterzuladen. Auch hier muss der Benutzer aber meist noch mit einem Trick dazu gebracht werden, das Ausführen zu veranlassen.

- Auch der Remote Desktop kann zum Infizieren eines PCs genutzt werden. Teilweise werden Server mit den Remote-Zugangsdaten von anderen Rechnern gehackt und diese dann infiziert. Teilweise werden Benutzer durch Tricks dazu gebracht, den Angreifer selbst zu einer Remote-Sitzung auf dem eigenen PC einzuladen.

- Und schließlich wird auch der simpelste Weg verwendet, Trojaner im Download von regulären, beliebten Programmen zu verstecken. Lädt der Benutzer diese herunter, bekommt er stattdessen oder zusätzlich den Trojaner installiert.

Wie funktionieren Erpressungs-Trojaner?

Einmal installiert und aktiv, beginnt ein Erpressungs-Trojaner, Dateien auf dem PC zu verschlüsseln. Dabei kommen verschiedene Verfahren zum Einsatz, die allesamt gemeinsam haben, dass die verschlüsselten Dateien nicht geknackt werden können. Zumindest wenn der Entwickler keinen Fehler gemacht hat, was aber gelegentlich vorkommt. Gleichzeitig werden die Dateien mit einer zusätzlichen, einheitlichen Endung versehen. Das dient nur dazu, die verschlüsselten Dateien später einfach aufspüren und mit dem (ggf. gekauften Schlüssel) wieder entschlüsseln zu können. Dabei wird der ursprüngliche Inhalt wieder hergestellt und die zusätzliche Endung entfernt. Alles ist dann also wieder genau wie vor der Verschlüsselung – wenn alles gut läuft.

Kein Erpressungs-Trojaner verschlüsselt wahllos alle Dateien. Das wäre auch kontraproduktiv, denn dann würde der PC sehr schnell nicht mehr funktionieren. Ziel ist es aber, möglichst viele <u>wichtige</u> Dateien zu verschlüsseln, bevor der Benutzer überhaupt merkt, was los ist. Deshalb bemühen sich die Trojaner, ihr Werk zunächst heimlich und unbemerkt zu verrichten. Welche Dateitypen betroffen sind, gehört zu den Unterschieden zwischen den verschiedenen Arten und Varianten von Erpressungs-Trojanern. Generell geht es aber um Dateien, die typischerweise wertvolle Inhalte haben, also

Wie funktionieren Erpressungs-Trojaner?

- Office-Dateien (Word, Excel, PowerPoint usw.)
- Bilder (JPG, PNG, GIF, TIF, usw.)
- Musik (MP3, M3U, WAV usw.)
- Videos (AVI, MKV, MP4, MOV, DVI, XVID usw.)
- Archivdateien (ZIP, RAR usw.)
- ausführbare Dateien (EXE, COM, DLL usw.)
- und es kommen noch weitere Dateitypen in Frage wie etwa Datenbanken, Backups, Konfigurationsdateien, Mails usw.

Als „Beweis" ihrer Existenz hinterlassen viele Trojaner in jedem bearbeiteten Ordner eine Textdatei, die eine Aufforderung zum Bezahlen eines Lösegeldes sowie ggf. eine Liste der verschlüsselten Dateien umfasst.

Neben dieser Standardvorgehensweise gibt es auch immer wieder Exoten, die davon abweichen und beispielsweise den Master-Boot-Record der Festplatte manipulieren. Dadurch bootet der Rechner nicht mehr und zeigt stattdessen eine Nachricht des Trojaners auf dem Bildschirm an. Gleichzeitig wird der Inhalt der Festplatte ebenfalls verschlüsselt.

Auch externe Dateien sind gefährdet

Viele Erpressungs-Trojaner greifen nicht nur Dateien direkt auf der Festplatte des PCs an, sondern nehmen alles mit, was sie bekommen können. Das betrifft

- weitere im PC verbaute Festplatte
- angeschlossene USB-Laufwerke bzw. -Sticks sowie Speicherkarten
- Netzlaufwerke auf anderen PCs oder NAS im Netzwerk
- direkt ins Dateisystem eingebundene Cloudspeicher wie OneDrive & Co.

Das 1x1 der Erpressungs-Trojaner

Einfach gesagt: Alle Ordner und Dateien, die Sie selbst per Windows Explorer erreichen können, ohne ein Passwort eingeben oder einer Rückfrage der Benutzerkontensteuerung bestätigen zu müssen, sind auch für Erpressungs-Trojaner erreichbar.

Welche Möglichkeiten hat man im Ernstfall?

Hat ein Erpressungs-Trojaner sich eingenistet und sein Werk begonnen, finden sich meist deutliche Hinweise darauf, wie die Urheber sich das Entfernen vorstellen: Der Benutzer muss eine bestimmte Geldsumme bezahlen, wofür in der Regel Bitcoins verwendet werden sollen. Diese digitale Währung hat die entscheidende Eigenschaft, dass damit vollständig anonyme Zahlungen möglich sind. Betroffene Nutzer müssen also beispielsweise einen Bitcoin erwerben und den dazugehörenden Code dann an die angegebene Adresse transferieren. Damit ist das Geld auf Nimmerwiedersehen verschwunden und lässt sich auch in keiner Weise nachverfolgen.

Zahlen

Als Gegenleistung dafür sollte der Benutzer ein Entschlüsselungstool und ein Kennwort erhalten. Damit lassen sich alle verschlüsselten Dateien mehr oder weniger vollautomatisch wiederherstellen. Ob das wirklich klappt, ist jedes Mal ungewiss. Es gibt Berichte von Benutzern, die das Lösegeld gezahlt haben und anschließend alle Informationen bekamen, um ihre Dateien zurückzubekommen. Ebenso gibt es Berichte von Benutzern, die nach Zahlung nichts mehr von den Erpressern gehört haben. Es gab auch schon Fälle, in denen ein Wiederherstellungstool geliefert wurde, das dann aber nicht richtig funktionierte. In einem Fall enthielt ein solches Entschlüsselungsskript einen offensichtlichen Fehler, wodurch die Dateien gelöscht wurden, anstatt entschlüsselt zu werden. Nach einer kleinen Korrektur verrichtete das Programm dann brav seinen Dienst. Offenbar stecken die Trojaner-Urheber also wesentlich mehr Aufwand in ihre Schadsoftware als in die Programme zum Beseitigen des Schadens.

Welche Möglichkeiten hat man im Ernstfall?

In den USA rät das FBI betroffenen Opfern ganz offiziell dazu, das Lösegeld zu bezahlen. Insofern kann man wohl davon ausgehen, dass man in der Mehrzahl der Fälle die gewünschte Gegenleistung bekommt. Das liegt auch im Interesse der Erpresser, denn wenn sich herumspricht, dass ohnehin keine Entschlüsselung erfolgt, dürfte das die Zahlungsmoral der Opfer eher schwächen. Nichtsdestotrotz empfiehlt in Deutschland das zuständige Bundesamt für Sicherheit in der Informationstechnik (BSI), sich nicht auf Zahlungen einzulassen und den Fall unbedingt zur Anzeige zu bringen. Verlässliche Zahlen, in wievielen Fällen das Transferieren eines Lösegeldes zum Erfolg führt, gibt es leider nicht.

Selbst entschlüsseln

Nicht alle Erpressungs-Trojaner sind wasserdicht. Einige sind inkonsequent programmiert oder enthalten – wenn das nicht ironisch ist – Sicherheitslücken. Dadurch ist die verwendete Verschlüsselung kompromittiert und kann rückgängig gemacht werden. In solchen Fällen findet man im Netz Tools, mit denen das Passwort zum Entschlüsseln ermittelt oder die Entschlüsselung direkt vorgenommen werden kann. Deshalb ist es wichtig, den aktiven Erpressungs-Trojaner genau zu kennen und möglichst viele Details dazu zu recherchieren.

Daten aus Backups wiederherstellen

In jedem Fall fein raus ist, wer auf eine intakte, nichtkompromittierte und möglichst aktuelle Sicherung seiner Daten zurückgreifen kann. Wenn der Trojaner gründlich entfernt oder Windows ggf. zurückgesetzt wurde, kann man auf diese Sicherung zurückgreifen und verliert allenfalls die Arbeit, Daten oder Mails der letzten Tage. Hierfür ist es allerdings erforderlich, eine effektive Backup-Strategie zu verwenden, bei der das Sicherungsmedium vor Angriffen durch den Trojaner geschützt ist. Sonst würde man nur Dateien wiederherstellen, die ihrerseits schon verschlüsselt sind.

Das 1x1 der Erpressungs-Trojaner

Wer steckt dahinter?

Bei Erpressungs-Trojanern geht es ganz schnöde ums Geschäft und man kann schon von einer kleinen Industrie sprechen, die sich darum gebildet hat. Zwar bringt eine einzelne Erpressung nur eine vergleichsweise geringe Summe, aber in der Masse erwirtschaftet die „Branche" dreistellige Millionenbeträge. Das Ganze geht einher mit einer geradezu beeindruckenden Professionalisierung des Geschäfts. Entwickler bieten maßgeschneiderte Varianten auf Malware-Marktplätzen an. Ein Rundumsorglos-Startpaket ist für wenige hundert Euro zu haben. Der Trojaner ist quasi schlüsselfertig und kann ohne besondere eigene Kenntnisse ganz einfach in Umlauf gebracht werden. Die erzielten Einnahmen werden zwischen Entwickler und Betreiber geteilt. Das ganze läuft so reibungslos und erfolgreich, dass einschlägige Online-Banden, die sich bislang auf eher aufwändige Banking-Trojaner spezialisiert hatte, mittlerweile auf Erpressungs-Trojaner umgeschwenkt sind. Die einzige Herausforderung besteht darin, ständig neue Variante zu entwickeln, um der Antiviren-Software möglichst immer einen Schritt voraus zu sein.

Im Ernstfall richtig reagieren

Im ersten Teil dieser Anleitung zeige ich, wie Sie im Ernstfall richtig reagieren. Dabei kommt es auf schnelles und konsequentes Handeln an. Sowie man Hinweise auf die Aktivitäten eines Erpressungs-Trojaners hat, sollte man sofort zur Tat schreiten. Zwar ist in dem Moment vermutlich bereits ein gewisser Schaden entstanden. Aber oftmals konnte der Übeltäter sein Werk noch nicht vollenden, so dass zumindest ein Teil der Dokumente vor dem Verschlüsseln gerettet und der Schaden so begrenzt werden kann. Erstes Ziel ist es deshalb immer, den Trojaner sofort zu stoppen. Anschließend kann man sich damit befassen, ihn vom PC zu verbannen. Konnte das erfolgreich bewältigt werden, kann man sich dem Wiederherstellen der verlorenen Daten widmen.

Sofortmaßnahmen

Im Ernstfall ist es wichtig, dass Sie schnell und richtig handeln. Auch wenn es etwas reißerisch klingt: es kann unter Umständen auf jede Sekunde ankommen, ob sich noch Daten retten lassen.

Den PC ausschalten

Wenn Sie den Verdacht (oder auch die Bestätigung) haben, dass auf Ihrem PC ein Erpressungs-Trojaner aktiv ist, **SCHALTEN SIE DEN PC SOFORT HART AUS!**

Damit ist gemeint:

- Schalten Sie den Ein-/Ausschalter hinten am Gehäuse auf AUS oder
- drücken Sie ein Ein-/Aus-Taster vorne am PC ca. 10 Sekunden, bis der PC sich selbst abschaltet.
- Im Zweifelsfall ziehen Sie einfach den Stecker.

Im Ernstfall richtig reagieren

Das widerspricht vermutlich allem, was Sie gehört oder gelesen haben, dass man einen PC auf diese Weise möglichst nicht ausschalten sollte. Im Fall einer Infektion kommt es aber darauf an, dass der Trojaner sofort am Verschlüsseln weiterer Dateien gehindert wird, sofern er sein Werk noch nicht vollendet hat. Starten Sie den PC erst wieder, wenn Sie ein Live-System auf CD/DVD oder USB-Stick haben, von dem Sie den Rechner booten können.

Externe Speichermedien entfernen

Entfernen Sie alle externen Speichermedien wie USB-Laufwerke, -Sticks oder Speicherkarten. Sammeln Sie diese zunächst an einer Stelle. Sie sind zwar nicht infiziert, enthalten aber potenziell verschlüsselte Dateien. Eventuell ist der Trojaner mit dem Verschlüsseln aber noch nicht soweit gekommen, so dass Sie hier ggf. noch intakte Sicherungskopien finden können. In jedem Fall muss dies spätestens geprüft werden, wenn der PC wieder läuft.

Ressourcen im Netzwerk schützen

Wenn vom infizierten PC aus Netzlaufwerke beispielsweise auf einem NAS erreichbar sind, fahren Sie dieses – regulär – herunter bzw. stellen Sie sicher, dass keine anderen Rechner mehr auf das NAS zugreifen. So wird verhindert, dass die verschlüsselten Dateien weiter verbreitet werden und womöglich durch Synchronisierungsmechanismen intakte Dateiversionen überschreiben. Wenn andere PCs ihre Laufwerke im Netzwerk freigeben und der infizierte PC darauf zugreifen konnte, deaktivieren Sie diese Freigaben bzw. fahren Sie diese PCs herunter (ein hartes Ausschalten ist nicht notwendig, sofern diese PCs nicht ebenfalls infiziert sind). Auch hier geht es darum, bereits verschlüsselte Dateien nicht weiter zu verbreiten und eventuell noch vorhandene intakte Kopien zu schützen.

Kurzum: Sorgen Sie dafür, dass der Dateitransfer in Ihrem Netzwerk vorläufig vollständig zum Erliegen kommt.

Den Übeltäter sicher identifizieren

Als Erstes sollten Sie sicher sein, mit welchem Erpressungs-Trojanern Sie es genau zu tun haben. Dann lässt sich das weitere Vorgehen planen. Um den Eindringling stoppen und entfernen zu können, müssen Sie wissen, wie er genau vorgeht. Und auch ob und ggf. wie die verschlüsselten Inhalte zurückgewonnen werden können, muss bei jeder Trojaner-Variante individuell beurteilt werden. Zum Identifizieren benötigen Sie:

▷ eine Ihrer Dateien, die vom Trojaner verschlüsselt wurde und/oder

▷ eine der Textdateien, die der Trojaner in verschlüsselten Ordnern platziert hat, um auf sich aufmerksam zu machen und zur Zahlung aufzufordern.

Mit diesen Informationen können Sie online ermitteln, welcher Trojaner sich bei Ihnen eingenistet hat. Oftmals reicht schon eine Google-Suche mit Auszügen aus der „Zahlungsaufforderung", um schnell zu einem eindeutigen Trojaner-Namen zu kommen.

Besonders hilfreich beim Identifizieren ist eine Online-Erkennung auf der Webseite

https://id-ransomware.malwarehunterteam.com/

Sie bietet eine automatische Identifizierung von Erpressungs-Trojanern anhand der hinterlassenen Dateien an. Dazu laden Sie eine *verschlüsselte Datei* und/oder eine Datei mit der *Lösegeldforderung* des Trojaners hoch. Wenn Sie beides gleichzeitig hochladen, ist die Erkennung besonders zuverlässig. Meist reicht es aber, eine von beiden Dateien bereitzustellen. Diese wird in Echtzeit analysiert und auf typische Spuren bzw. auf das verwendete Verschlüsselungsverfahren untersucht. Hierzu werden sowohl formale Kriterien wie die Dateiendung bei verschlüsselten Dateien als auch inhaltliche Kriterien wie der Wortlaut der Lösegeldforderung zugrunde gelegt.

Im Ernstfall richtig reagieren

In den meisten Fällen kann der Dienst den Verursacher erkennen. Sie erhalten dann einen Namen ggf. mit einer Versionsnummer für die genaue Variante. Dazu gibt es eine erste Einschätzung, ob eine Möglichkeit bekannt ist, die Dateien zu entschlüsseln. Zusätzlich finden Sie einen Link, der Sie direkt zu weiteren Informationen über den Trojaner und seine Funktionsweise führt. Idealerweise finden Sie dort direkt ein Tool zum Entschlüsseln Ihrer Dateien. Leider wird das aber nicht immer der Fall sein.

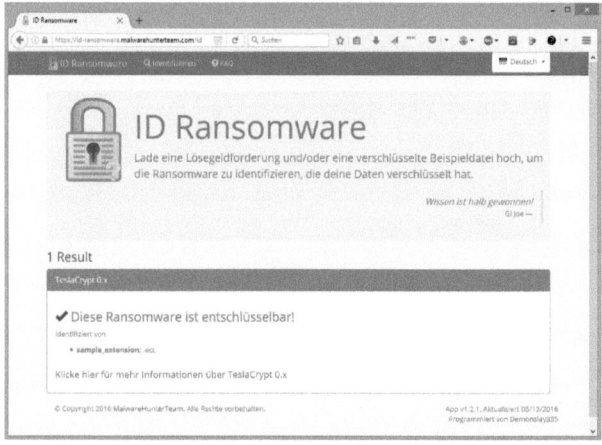

Sollte mit der Online-Erkennung auch nach mehreren Versuchen mit verschiedenen Dateien keine Identifizierung gelingen, handelt es sich eventuell um einen neuen Trojaner bzw. eine neue Variante, die noch nicht erkannt werden kann. In dem Fall bleibt Ihnen die Information aus der Lösegeldforderung, um mit Google & Co. auf eigenen Faust aktuelle Informationen zu finden. Alternativ kann auch der Virenscan des PCs zu einer eindeutigen Identifizierung führen.

Den Schädling recherchieren

Wenn Sie bezüglich der Identität des Trojaners Gewissheit haben, sollte Sie als nächstes möglichst viel darüber in Erfahrung bringen. Die wichtigen Fragen dabei lauten:

- Wie kann man diesen Trojaner zuverlässig vom PC entfernen? (wobei zunächst der Trojaner selbst gemeint ist, nicht die Verschlüsselung der Dateien)

- Welche Arten von Dateien verschlüsselt dieser Trojaner?

- Welche Speichermedien werden von diesem Trojaner befallen (Festplatten, USB-Medien, Speicherkarten, Netzlaufwerke, Cloud-Speicher)?

- Ist eine Möglichkeit bekannt, die Verschlüsselung ohne Bezahlen des „Lösegeldes" zu entfernen?

- Wenn ja, gibt es ein Tool mit dem sich die Verschlüsselung entfernen lässt?

- Wie ist ggf. die genau Vorgehensweise, um die Verschlüsselung aufzuheben und die Dateien wieder in einen nutzbaren Zustand zu versetzen.

Im Ernstfall richtig reagieren

Hilfreiche Links zur Recherche

Das erste und einfachste Mittel zur Onlinerecherche ist wie immer Google oder eine andere Suchmaschine Ihrer Wahl. Geben Sie einfach die gängige Bezeichnung des Trojaners ein, dann finden Sie mit Sicherheit schnell nähere Informationen. Die weiteren Links helfen darüber hinaus, gezielt weitere aktuelle Informationen zu beschaffen.

- Aktuelle Nachrichten zu Erpressungs-Trojanern

  http://www.golem.de/specials/ransomware/

- Das Erpressungs-Trojaner-Forum bei heise.de

  http://www.heise.de/forum/heise-Security/Themen-Hilfe/Hilfe-bei-Erpressungs-Trojanern/forum-256381/

- Kategorie „Ransomware" der englischen Wikipedia mit Links zu ausführlichen Trojaner-Beschreibungen

  https://en.wikipedia.org/wiki/Category:Ransomware

- Englischsprachiger sehr aktueller Blog zum Thema Sicherheit mit dem wöchentlichen Update „This Week in Ransomware"

  http://www.bleepingcomputer.com/news/security/

- Zentrale Ansprechstelle Cybercrime für die Wirtschaft (ZAC)

  http://www.polizei.de/nn_196750/Polizei/DE/Einrichtungen/ZAC/zac_node.html

Den Schädling loswerden

Wie bereits beschrieben, sollte der betroffene PC beim Entdecken von Spuren eines Erpressungs-Trojaners sofort ausgeschaltet werden. Das bedeutet aber auch, dass dieser PC selbst nicht dazu verwendet werden kann, den Trojaner aufzuspüren und von der Festplatte zu tilgen. Dazu müsste man den PC starten und während des Virenscans könnte er sein zerstörerisches Werk fortsetzen. Einige Trojaner enthalten außerdem Mechanismen, um sich aktiv vor

Virenscannern zu verstecken bzw. zu schützen. Zum Säubern des PCs wird deshalb unbedingt ein unabhängiges externes System benötigt. Hierfür bieten sich insbesondere zwei Varianten an:

- Sie verfügen über einen weiteren, sauberen PC oder können einen solchen beispielsweise im Bekanntenkreis auftreiben: Dann können Sie die Festplatte(n) aus dem infizierten PC ausbauen und an den sauberen PC anschließen. Auf diesem kann dann ein Virenscanner gestartet werden, der den Trojaner aufspürt und unschädlich macht.

- Sie verfügen nur über diesen einen PC: Dann können Sie sich ein alternatives Betriebssystem besorgen, dass diesen PC von einer CD/DVD oder einem USB-Stick startet. Der PC wird dann mit diesem Alternativsystem betrieben und das eigentliche Betriebssystem (einschließlich Trojaner) bleibt unangetastet. Im Alternativsystem kann aber ein Virenscanner die eingebaute Festplatte untersuchen und bereinigen.

Optimal: Die betroffene Festplatte kopieren
Ein häufiger Tipp bei einer infizierten (oder auch beschädigten) Festplatte ist es, als erste Maßnahme deren gesamten Inhalt auf einer zweiten Festplatte zu duplizieren. Alle Schritte zum Bereinigen, Reparieren und Wiederherstellen werden dann mit dieser Kopie vorgenommen. Und man kann dabei notfalls auch mal ein wenig experimentieren. Klappt alles, kann man hinterher die Kopie weiterverwenden. Gibt es Probleme, kann man jederzeit auf das Original zurückgreifen bzw. einfach erneut eine Kopie davon erstellen und neu beginnen. Allerdings benötigt man dafür eben eine entsprechende weitere Festplatte und muss einigen Aufwand treiben. Sinnvoll ist diese Vorgehensweise allemal. Ob es Ihnen das wert ist, müssen Sie selbst entscheiden und vielleicht auch vom individuellen Wert der gefährdeten Dokumente abhängig machen.

Im Ernstfall richtig reagieren

Die Festplatte in einem sauberen Zweit-PC reinigen

Wenn Sie einen Zweit-PC haben oder besorgen können, ist dies oftmals die einfachste Lösung. Es gibt im Wesentlichen zwei Hürden dabei:

1. Sie müssen sich zutrauen die Festplatte(n) aus dem infizierten System auszubauen. Das klingt schwieriger als es ist. Letztlich müssen nur ein paar Schrauben gelöst und ein oder zwei Stecker gezogen werden. Am besten fotografieren Sie zuvor den Einbauzustand, damit Sie hinterher alles wieder richtig zuordnen können.

2. Die Festplatte muss an den Zweit-PC angeschlossen werden. Sie können natürlich auch den öffnen und die Platte an einen freien internen Anschluss stecken. Das empfiehlt sich aber nicht, da es aufwändig ist und die Gefahr besteht, dass der Zweit-PC dann von der neu eingebauten Festplatte startet. Einfacher ist es, einen externen USB-Anschluss zu verwenden, der die Festplatte als Wechsellaufwerk einbindet.

Solche SATA-auf-USB-Adapter können Sie für 10 – 20 EURO im Fachhandel erwerben. Die Festplatte wird einfach am einen Ende angesteckt und am anderen befindet sich ein USB-Anschluss, den Sie in den PC einstecken. Achten Sie bei der Adapterauswahl auf zwei Dinge:

▶ Wählen Sie eine USB 3.0-fähige Variante, sofern der PC auch über USB 3.0-Anschlüsse (innen blau statt schwarz) verfügt. Damit steigt der Datendurchsatz erheblich und Sie sparen eine Menge Zeit. Die wenigen Euro Mehrkosten sind das in der Regel wert.

▶ Adapter ohne eigene Stromversorgung reichen für SSDs und kleinere Magnetfestplatte im Formfaktor 2,5-Zoll. Für Festplatte mit 3,5-Zoll und/oder hoher Kapazität sollten Sie vorsichtshalber einen Adapter mit eigenem Netzteil verwenden. Solche Festplatten benötigen häufig mehr Strom, als der USB-Anschluss liefern kann und darf. Sie werden an einem reinen USB-Adapter nicht zuverlässig laufen und könnten im schlimmsten Fall sogar die Hauptplatine des PCs beschädigen.

Den Schädling loswerden

> **Für alle Fälle gerüstet**
> Mein persönlicher Hardwaretipp: Der *Sandberg USB 3.0 Multi Harddisk Link*-Adapter kostet zwar ein paar Euro mehr, bietet aber nicht nur einen SATA-Port, sondern auch Anschlüsse für ältere IDE-Festplatte sowohl im 2,5- als auch im 3,5-Zoll-Format. Ein Netzteil zur externen Stromversorgung ist auch gleich dabei. Gerade wer (auch) noch ältere PCs in seinem Gerätepark hat, ist damit gut aufgestellt.

Haben Sie die betroffene Festplatte erfolgreich am Zweit-PC angeschlossen, benötigen Sie auf diesem nur noch eine aktuelle Virensoftware. Kleiner Tipp: Viele Hersteller bieten kostenlose Testversionen Ihrer Produkte an. Damit können Sie ohne Zusatzkosten verschiedene Virenscanner auf Ihre Festplatte loslassen, um auf Nummer sicher zu gehen. Wichtig ist dabei, jeweils die aktuellsten Virensignaturen zu verwenden. Gerade bei Erpressungs-Trojaner gibt es ständig neue Varianten, die man nur mit einem top-aktuelle Scanner finden und eliminieren kann. Tipp: Falls Sie es nicht allzu eilig haben, kann es manchmal helfen, ein oder zwei Tage bis zum nächsten Update der Signaturen zu warten.

Haben Sie die betroffene Festplatte gründlich gesäubert, sollten Sie die Gelegenheit nutzen, wichtige Dateien auf den Zweit-PC zu kopieren. Vielleicht lassen sie sich bei der Gelegenheit auch schon mit einem passenden Programm entschlüsseln. Dann bauen Sie die Festplatte wieder in den ursprünglichen PC ein und schalten diesen ein. Mit etwas Glück startet Windows direkt wieder problemlos und Sie können sich daran machen, verlorene Dateien und Ordner wiederherzustellen.

Im Zweifelsfall das Virenorakel befragen

Manchmal kommen einem die Befunde des eigenen Virenscanners zweifelhaft vor. Der erklärt eine Datei als verseucht, bei der man dies für sehr unwahrscheinlich hält und die man gerne erhalten würde. Oder eine Datei, die man selbst als sehr verdächtig einstuft, wird anstandslos durchgewinkt. In solchen Fällen gibt es einfache Möglichkeiten, genauer nachzuprüfen. Bei der Website *virusto-*

Im Ernstfall richtig reagieren

tal.com können Sie einzelne Dateien hochladen und automatisch von über 50 verschiedenen Virenscannern überprüfen lassen. Auch das ergibt nicht immer ein einheitliches Meinungsbild, aber in der Regel zumindest eine deutliche Tendenz. Oftmals liefern die anderen Scanner auch zusätzliche Informationen wie etwa andere Bezeichnungen des Schädlings, die weitere Ansatzpunkte für die Recherche bieten.

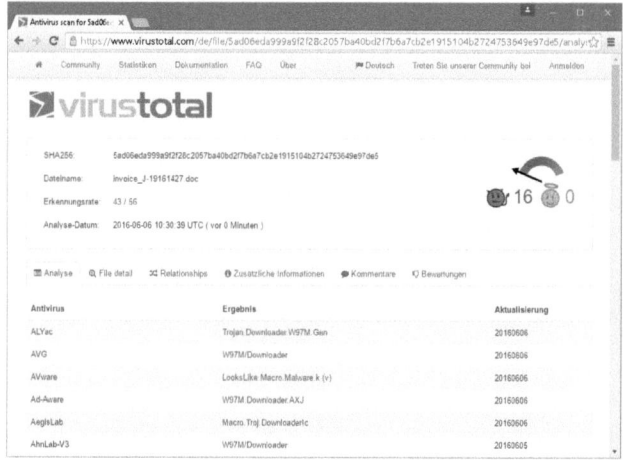

Ein Live-System mit Antiviren-Programm beschaffen

Sollte Ihnen kein Zweit-PC zur Verfügung stehen, können Sie alternativ den betroffenen PC selbst zum Reinigen verwenden. Allerdings dürfen Sie dafür keinesfalls das installierte Windows selbst verwenden, um dem Trojaner keine weitere Gelegenheit zu geben, Schaden anzurichten. Stattdessen können Sie ein Live-Betriebssystem mit Antiviren-Programm nutzen, das direkt von CD/DVD bzw. USB-Stick bootet. Der PC muss ggf. im BIOS so eingestellt werden, dass er von diesem Medium bootet und nicht von der eingebauten Festplatte. Sollte beim Versuch doch wieder Windows starten, schalten Sie den PC sofort wieder aus und versuchten Sie es erneut!

Ein sehr empfehlenswertes Live-System ist "Desinfec't" von der Fachzeitschrift c't. Es liegt einmal jährlich einer Ausgabe der Zeitschrift als Heft-DVD bei. Man kann dieses Heft mitsamt der DVD aber jederzeit beim Verlag für wenige Euro bestellen. Wer es eilig hat, kauft sich die elektronische Version der Zeitung und erhält damit Zugang zum Download der aktuellen Desinfec't-ISO-Datei. Das Geld ist gut angelegt, denn dieses Spezialimage umfasst gleich mehrere Virenscanner, mit denen die Festplatte gründlich untersucht werden kann. Befallene Dateien können automatisch umbenannt werden, so dass sie keine Gefahr mehr darstellen, der Inhalt aber nicht verloren ist. Die Bedienung ist für etwas erfahrene PC-Nutzer keine große Herausforderung.

http://www.heise.de/download/desinfect.html

Rettungsmedien von Antiviren-Programmen

Wer ein kommerzielles Antiviren-Programm im Einsatz hat, kann ggf. auch dessen Live-System nutzen bzw. sich ein solches erstellen (wenn der Ernstfall bereits eingetreten ist, allerdings unbedingt auf einem anderen PC!). Alternativ stellen einige Anbieter kostenlose Images Ihrer Live-Systeme zum Download bereit, beispielsweise Kaspersky. Man sollte dabei darauf achten, ein aktuelles Image zu bekommen, denn bei einigen Anbietern werden immer noch Images angeboten, die schon vor einigen Jahren veröffentlicht wurden. Ein positives Beispiel ist die laufend gepflegte Rescue Disk von Kaspersky, auf die der nachfolgende Abschnitt ausführlicher eingeht.

Wichtig bei allen Live-Systemen: Diese Systeme sind niemals aktuell, sondern immer auf dem Stand, wo das System zusammengestellt wurde. Deshalb müssen nach dem Booten die Signaturen der Antiviren-Software aktualisiert werden. Das geht automatisch bzw. per Knopfdruck, aber der PC benötigt dazu eine Internetverbindung. Bei einem Kabelnetzwerk wird diese in der Regel automatisch hergestellt. Bei einer WLAN-Verbindung muss zumindest das WLAN-Kennwort eingegeben werden. Der Virenscan sollte erst nach dem erfolgreichen Update der Signaturen durchgeführt werden.

Im Ernstfall richtig reagieren

Scannen Sie alle Laufwerke, die im PC eingebaut bzw. daran angeschlossen sind. Netzlaufwerke (beispielsweise ein NAS im lokalen Netzwerk) können Sie vorerst ignorieren und sich darum kümmern, wenn der PC wieder sauber läuft. Zwar werden auch Dateien auf NAS verschlüsselt, bislang ist aber kein Trojaner bekannt, der sich selbst auf NAS einnistet. Lassen Sie alle verdächtigen Dateien in Quarantäne verschieben bzw. mit einer anderen Dateiendung versehen. So kann die Programmdatei des Trojaners beim Windows-Start nicht mehr aufgerufen werden.

Den PC mit der Kaspersky-Rescue Disk bereinigen

Der Antiviren-Spezialist Kaspersky stellt auf seiner Website eine kostenlose ISO-Datei der Kaspersky-Rescue Disk zum Download zur Verfügung:

https://support.kaspersky.com/de/viruses/rescuedisk

Diese kann auf eine CD/DVD gebrannt und als Bootmedium verwendet werden. Sie startet den PC mit einem einfachen Rettungssystem, welches das aktuelle Kaspersky-Antivirenprogramm umfasst. Nach dem Booten kann man also den PC scannen und mögliche Schädlinge entfernen. Alternativ kann die ISO-Datei auch auf einen bootfähigen USB-Stick geschrieben werden. Hierfür stellt Kaspersky ein kleines Hilfsprogramm namens rescue2usb.exe zur Verfügung.

http://rescuedisk.kaspersky-labs.com/rescuedisk/updatable/rescue2usb.exe

Wenn Sie über ein bootfähiges Medium verfügen, müssen Sie nur dafür sorgen, dass Ihr PC von diesem anstellen der Windows-Festplatte startet. Einige PCs zeigen beim Vorhandensein eines externen Bootmediums automatisch eine Meldung beim Start an, so dass Sie nur rechtzeitig eine Taste drücken müssen, um von diesem zu starten. Bei anderen muss kurz nach dem Start des Bootvorgangs eine bestimmte Taste gedrückt werden (Bildschirmhinweise beachten!), um zunächst ein Bootmenü zu öffnen. Hier kann dann das optische Laufwerk bzw. der USB-Stick mit dem Kaspersky-ISO ausgewählt werden.

Den Schädling loswerden

1. Wenn der PC von der Kaspersky-Rescue Disk als CD/DVD oder USB-Stick bootet, müssen Sie beim Anzeigen des Begrüßungsbildschirms innerhalb von zehn Sekunden eine beliebige Taste drücken. Andernfalls startet das normale Windows auf dem PC.

2. Wählen Sie dann mit den Pfeiltasten Deutsch als Sprache und drücken Sie [**Eingabe**].

3. Nun wird der Lizenzvertrag angezeigt. Drücken Sie [**1**] um ihn zu bestätigen und fortzufahren.

4. Nun wählen Sie den Modus, in dem das Rettungsprogramm arbeiten soll. Wenn möglich, sollte der anschaulichere Grafikmodus verwendet werden. Sollte dieser nicht funktionieren, wählen Sie beim nächsten Versuch stattdessen den simpleren aber funktionell ebenbürtigen Textmodus.

5. Warten Sie nun ab, bis das Programmfenster des Virenscanners angezeigt wird. Eventuelle Rückfragen bis dahin können Sie einfach bestätigen bzw. ignorieren.

6. Bevor Sie mit dem Virenscanner starten, sollten Sie zunächst die Virensignaturen aktualisieren. Wechseln Sie dazu in die

Rubrik *Update* und klicken Sie hier auf *Update ausführen*. Warten Sie, bis das Programm sich die neuesten Signaturen vom Kaspersky-Server heruntergeladen hat.

7. Sind die Virensignaturen aktualisiert, wechseln Sie in die Rubrik *Untersuchung von Objekten*.

8. Hier sind standardmäßig die Optionen *Laufwerksbootsektoren* und *Versteckte Autostart-Objekte* ausgewählt. Wählen Sie zusätzlich die angezeigten Laufwerke aus.

9. Klicken Sie dann auf *Untersuchung von Objekten starten lassen*.

10. Warten Sie nun geduldig ab, bis das Programm seine Arbeit getan hat.

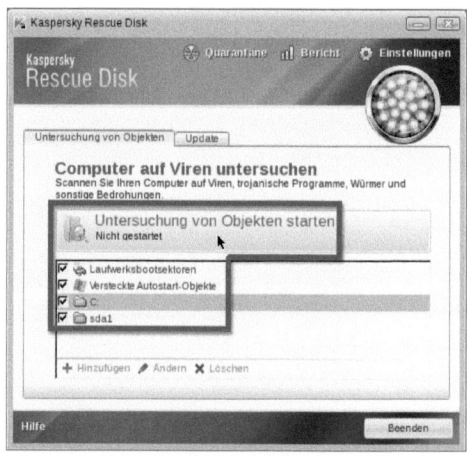

Wurde der Scanner fündig, erhalten Sie nach Abschluss der Überprüfung ein Protokoll (das Sie auch jederzeit oben mit *Bericht* abrufen können). Für infizierte Dateien können Sie entscheiden, ob diese desinfiziert werden sollen. Ist eine Desinfektion nicht möglich, kann die Datei alternativ gelöscht werden. Mit dieser Option sollten Sie allerdings vorsichtig umgehen, denn wenn wichtige Dateien einfach gelöscht werden, ist das der Stabilität von Windows nicht unbedingt zuträglich.

Die Dateiverschlüsselung aufheben

Konnte der Trojaner erfolgreich von der bzw. den Festplatte(n) und Speichermedien verbannt werden, bleibt noch ein Problem: Mehr oder weniger zahlreiche Dateien, die verschlüsselt und mit einer anderen Dateiendung versehen wurden und nun nicht mehr ohne weiteres zu öffnen sind. Diese Verschlüsselung aufzuheben und den Dateiinhalt wieder nutzbar zu machen, ist die größte Herausforderung.

Dazu gibt es grundsätzlich drei verschiedene Herangehensweisen:

- Sie können – soweit vorhanden – Backups Ihrer Dokumente einspielen und den Zustand vor der Aktivität des Trojaners wiederherstellen. Dies ist im Grund genommen die einfachste Lösung, sofern Sie über eine möglichst aktuelle Sicherung verfügen.

- Sie können auf die Forderung eingehen und ein Lösegeld bezahlen. Mit etwas Glück erhalten Sie dadurch ein Kennwort und einen Link zu einem Entschlüsselungsprogramm, dass alle betroffenen Dateien wiederherstellt.

- Sie können Spezialprogramm verwenden, die Programmierfehler oder bekannt gewordene Universalschlüssel einzelner Trojaner nutzen, um verschlüsselte Dateien wiederherzustellen. Dies ist leider nicht bei allen Erpressungs-Trojanern möglich.

Verschlüsselte Daten aus einem Backup wiederherstellen

Mit dem Thema Sichern und Wiederherstellen von wichtigen persönlichen Dokumenten befasst sich das nachfolgende Kapitel ausführlich, deshalb soll es an dieser Stelle nicht weiter vertieft werden. Wichtig nur: Verschaffen Sie sich zunächst einen Überblick, welche Dateien auf diese Weise wiederhergestellt werden können und welche Dateien seit der letzten Sicherung noch bearbeitet wurden. Eine gute Hilfe dabei können die Dateieigenschaften und insbesondere das Datum der letzten Änderung sein. Liegt dies vor dem Zeitpunkt des letzten Backups, sind Sie schon mal auf der sicheren Seite. Aber auch ein neueres Datum muss nicht heißen, dass entscheidende Änderungen vorgenommen wurden. Bei Office-Dokumenten beispielsweise kann schon das Ausdrucken einer Datei reichen, um das Änderungsdatum zu aktualisieren. Hier müssen Sie ggf. eine Bestandsaufnahme im eigenen Gedächtnis vornehmen. Ideal wäre eine Liste der Dateien, in denen nach dem letzten Backup noch wichtige, anderweitig unwiederbringliche Bearbeitungen vorgenommen wurden. Auf dieser Basis kann man entscheiden, ob und welche Schritte zum Wiederherstellen dieser Dateien ggf. erforderlich und sinnvoll sind.

Lösegeld zahlen

Die Frage, ob das Zahlen eines Lösegelds sinnvoll ist, wurde weiter vorne bereits angesprochen: Eine Garantie für den Wiedererhalt ist es nicht, auch wenn es in der Mehrzahl der Fälle wohl erfolgreich ist. Und man muss sich im Klaren darüber sein, dass man damit letztlich kriminelle Machenschaften unterstützt. Damit im Hinterkopf muss aber letztlich jeder selbst entscheiden, ob die anderweitig nicht wiederherzustellenden Dateien das wert sind. Zuvor sollten Sie aber auf alle Fälle prüfen, ob für den bei Ihnen aufgetretenen Erpressungs-Trojaner nicht eine Möglichkeit besteht, die Dateiverschlüsselung auf andere Weise zu entfernen.

Die Verschlüsselung entfernen

Für einige Erpressungs-Trojaner werden früher oder später Möglichkeiten bekannt, die Verschlüsselung der Dateien aufzuheben. Teilweise haben die Entwickler schlicht Fehler bei der Programmierung gemacht, zu schwache Verschlüsselung verwendet oder Lücken in Verschlüsselungsalgorithmen übersehen. Werden solche Schwächen bekannt, entstehen schnell Programme, die sie ausnutzen, um betroffene Dateien auch ohne Lösegeldzahlung wiederherzustellen. Im Fall des TeslaCrypt-Trojaners hingegen haben die Entwickler „aufgegeben" und einen Masterschlüssel öffentlich gemacht haben, mit dem alle Betroffenen ihre Datei wiederherstellen können.

Die Dateiverschlüsselung aufheben

Entschlüsselungsprogramme einsetzen

Auch wenn die Vorgehensweise bei jeder Abart der Erpressungs-Trojaner etwas unterschiedlich ist, benötigen Sie in der Regel zwei Dinge, um verschlüsselte Dateien wiederherzustellen:

- Ein Entschlüsselungsprogramm, das genau auf den bei Ihnen aufgetretenen Trojaner abgestimmt ist.

- Einen in der Regel aus einer langen Reihe von Ziffern und Buchstaben bestehenden Schlüssel. Falls Sie sich zur Zahlung entschlossen haben, erhalten Sie diesen – hoffentlich – im Austausch für Ihr Lösegeld. Wichtig: Der Schlüssel ist auf Ihre Dateien abgestimmt. Sie können also nicht den Schlüssel eines anderen Betroffenen etwa aus dem Internet verwenden. Anders sieht dies bei sogenannten Master-Schlüsseln aus, die gelegentlich bekannt werden. Diese können für alle Dateien verwendet werden, die von einem bestimmten Trojaner (ggf. aber nur in einer bestimmten Version) verschlüsselt wurden.

Diese beiden Komponenten können Sie dann zum Entschlüsseln Ihrer Dateien verwenden, wie hier am Beispiel des TeslaCrypt-Decoders gezeigt werden soll:

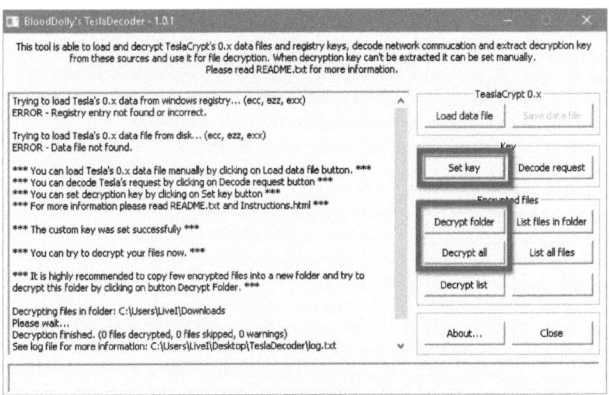

1. Starten Sie das Entschlüsselungsprogramm mit Administratorrechten (Rechtsklick und *Als Administrator ausführen*). Dies ist

notwendig, damit das Programm ggf. auch auf versteckte und geschützte Dateien und Ordner zugreifen kann.

2. Um den Schlüssel für das Wiederherstellen der Dateien einzugeben, klicken Sie dann zunächst auf die *Set Key*-Schaltfläche.

3. Bei Trojanern, die in ihren verschiedenen Varianten auch unterschiedliche Endungen an verschlüsselte Dateien anhängen, müssen Sie nun die in Ihrem Fall verwendete Dateiendung auswählen.

4. Dann tippen Sie den Schlüssel in das Eingabefeld ein bzw. idealerweise kopieren Sie ihn direkt aus der E-Mail oder Website, wo Sie ihn erhalten haben, um die Gefahr von Tippfehler zu minimieren. In den Dialogfeldern können Sie **[Strg]+[V]** verwenden, um den Schlüssel aus der Zwischenablage dort einzufügen.

5. Klicken Sie dann auf *Set Key*, um die eingegebenen Daten zu verwenden.

6. So vorbereitet, können Sie das Wiederherstellen Ihrer Dateien beginnen. Allerdings empfiehlt es sich, den Vorgang immer erst mit einer kleinen Anzahl von Dateien zu testen. Beim TeslaCrypt-Decoder etwa haben Sie die Möglichkeit, mit *Decrypt folder* erstmal nur einen einzigen Ordner zu dechiffrieren. An-

Die Dateiverschlüsselung aufheben

schließend können Sie sich davon überzeugen, dass die dort wiederhergestellten Dateien tatsächlich wieder nutzbar sind.

7. Um Dateien auf einer kompletten Festplatte wiederherzustellen, verwenden Sie dann stattdessen *Decrypt all*.

8. Bei allen Varianten fragt der Decoder nach, ob beim Wiederherstellen jeweils die verschlüsselte Datei durch das entschlüsselte Original ersetzt werden soll. Dies empfiehlt sich in jedem Fall. Falls beim Entschlüsseln etwas nicht klappen sollte, hat man dann immer noch die Ausgangsdatei und kann ggf. weitere Versuche starten. Nach erfolgreichem Entschlüsseln lassen sich die verschlüsselten Duplikate anhand der Endung leicht finden und entsorgen.

9. Nun beginnt das Programm mit der Arbeit des Entschlüsselns und Wiederherstellens, was je nach Umfang des Datenbestandes einige Zeit in Anspruch nehmen kann.

Anschließend sollten Sie prüfen, ob wirklich alle betroffenen Dateien wiederhergestellt wurden. Hat alles geklappt, können Sie ggf. beibehaltene verschlüsselte Dateien anhand der Endung aufspüren und löschen.

Alle Dateien mit einer bestimmten Endung finden

Da viele Erpressungs-Trojaner verschlüsselte Dateien mit einer bestimmten Endung versehen, kann es hilfreich sein, sich auf einen Blick alle Dateien mit dieser Endung auflisten zu lassen. Dies lässt sich mit Windows-Bordmitteln recht einfach bewerkstelligen.

Im Ernstfall richtig reagieren

1. Starten Sie den Windows Explorer und lassen Sie den Inhalt des Stammverzeichnisses der Festplatte anzeigen, also beispielsweise *C:*.

2. Tippen Sie dann im Suchfeld oben rechts die gesuchte Dateiendung ein, etwa „.ttt".

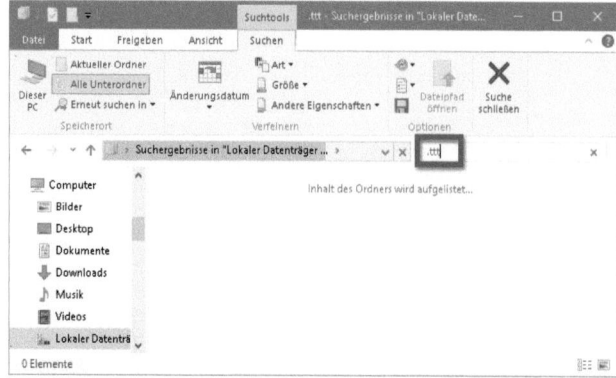

3. Haben Sie nun etwas Geduld. Zunächst zeigt der Explorer nur die passenden Dateien im Stammverzeichnis an. Im Hintergrund durchsucht er aber weiter den gesamten Dateibestand der Festplatte. Sie erkennen das am wachsenden Fortschrittsbalken im Navigationsfeld mit der Anmerkung *Suchergebnisse in...*

4. Ist die Suche beendet (und der Fortschrittsbalken ganz verschwunden), sehen Sie im Explorer eine Liste aller Dateien, die diese Endung tragen.

Schützen und Vorbeugen

Im zweiten Teil dieses Ratgebers geht es um vorbeugende Maßnahmen. Denn die beste Strategie gegen erpresserische Trojaner besteht aus zwei Schritten:

1. Gar nicht erst von einem Trojaner heimgesucht werden.
2. Wenn 1. nicht funktioniert hat, ein zuverlässiges Backup aller wichtigen Daten zur Hand zu haben, so dass man sich mit dem Aufheben der Verschlüsselung oder gar dem Zahlen von Lösegeld gar nicht erst aufzuhalten braucht.

Infektionen vermeiden

Infektionen mit Trojanern und anderen digitalen Schädlingen sind kein Schicksal, sondern lassen sich vermeiden. Besonders effektiv ist dabei eine Mischung aus solider Antiviren-Software, wohldosierter Vorsicht und gesundem Menschenverstand.

Aktueller Virenschutz

Das A und O einer sicheren Abwehrstrategie ist und bleibt eine Antiviren-Software. Eine der einfachsten und kostengünstigsten Lösungen ist der von Microsoft für Windows angebotene Defender. Er bietet einen soliden Basisschutz vor gängigen Gefahren, läuft unauffällig im Hintergrund und wird von Windows zuverlässig mit Updates versehen. Allerdings ist die Update-Frequenz nicht so hoch wie bei einigen kostenpflichtigen Alternativen, was die Schutzwirkung gegen ganz frische Trojaner schmälert. Auch in Bezug auf Suchheuristiken zum Erkennen neuer Variante schneidet der Defender in Vergleichsteste regelmäßig schwach ab. Trotzdem ist er wesentlich besser als kein Schutz und stellt für erfahrene Benutzer, die sich der Risiken von Mailanhängen und obskuren Downloadlinks bewusst sind, durchaus eine sinnvolle Option dar.

Schützen und Vorbeugen

Auch die kostenpflichtigen Mitbewerber bieten nicht automatisch ein Rundum-Sorglos-Paket. Aber mit Signaturupdates teilweise mehrmals täglich und raffinierten Suchheuristiken sind sie häufig etwas mehr am Puls der Zeit und stellen vor allem auch für weniger erfahrene Benutzer einen zuverlässigen Begleiter durch die Untiefen des Internets dar.

Wichtige Verhaltensregeln

Auch mit einem Antivirenprogramm als Rückversicherung sollte man niemals alle Vorsicht über Bord werfen. Die Entwicklung gerade bei Erpressungs-Trojanern ist rasant. Praktisch täglich entstehen neue Exemplare oder neue Varianten von bekannten Schädlingen. Trojaner-Baukästen ermöglichen es den Urhebern, sich mit wenigen Mausklicks ihren ganz persönlichen Trojaner zusammen zu klicken, der dann eine - etwas - andere Signatur hat und nicht von jedem Scanner sofort erkannt wird. Deshalb muss die eigene Umsicht und Skepsis stets als weitere Abwehrlinie gegen Infektionen dienen.

- **Niemals unangeforderte E-Mail-Anhänge entgegennehmen und öffnen!** Dies gilt insbesondere für Office-Dokumente wie Word-Texte und Excel-Tabellen. Deren aktive Inhalte machen es besonders leicht, einen PC zu manipulieren. Aber auch bei Formate wie PDF werden immer wieder Sicherheitslücken bekannt.

- **Vorsicht bei Downloads aus dem Netz!** Laden Sie nur Daten herunter, die Sie wirklich benötigen. Laden Sie beispielsweise Software am besten direkt von der Website der entwickelnden Firma herunter. Oder greifen Sie auf etablierte Software-Verzeichnisse zurück, deren Angebot redaktionell betreut und auf Viren überprüft wird. Laden Sie heruntergeladene Dateien im Zweifelsfall bei _virustotal.com_ hoch, bevor Sie sie erstmals öffnen bzw. ausführen.

- **Finger weg von Dateianhängen, deren Bedeutung Sie nicht kennen!** Es gibt eine Vielzahl von Dateiendungen, hinter denen sich letztlich ausführbare Inhalte verbergen können. Wenn

Sie nicht sicher sind, worum es sich handelt, sollten Sie es vor dem Öffnen in Erfahrung bringen. Oder einfach ganz darauf verzichten. Lassen Sie sich dabei auch nicht von ZIP-Archiven täuschen. Diese werden gerne als Vehikel eingesetzt, dessen Inhalt von Scannern nicht überprüft werden kann (insbesondere, wenn er mit einen Kennwort geschützt ist).

▸ **Die installierte Software stets auf dem aktuellen Stand halten!** Keine Anwendung ist fehlerfrei und besonders bei beliebter Software suchen Übeltäter fieberhaft nach Lücken. Werden welche bekannt, schließen die Hersteller sie früher oder später per Update. Solche Updates sollten dann auch umgehend eingespielt werden.

Überraschende UAC-Rückfragen
Für das Einnisten ins System benötigen Trojaner in der Regel Administratorrechte. Hier kommt die Benutzerkontensteuerung (U-AC) von Windows ins Spiel. Richtig eingesetzt kann Sie ein wertvoller Schutz sein. Allerdings muss man die Rückfragedialoge zu diesem Zweck ernstnehmen und zumindest kurz nachdenken, anstatt einfach nur gewohnheitsmäßig zu genehmigen. An sich sollte man ohnehin jedes Mal darüber nachdenken. Aber insbesondere wenn auf einmal scheinbar anlasslos Administratorrechte angefordert werden, sollten die Alarmglocken schrillen.

Schutz vor aktiven Office-Inhalten

Zu den beliebtesten Einfallswegen von Erpressungs-Trojanern gehören Office-Dateien mit aktiven Inhalten (Makros). Insbesondere Microsoft Office gehört aufgrund seiner großen Verbreitung zu den Kandidaten. Man kann sich schützen, indem man grundsätzlich keine Office-Dokumente öffnet, die man nicht ausdrücklich angefordert hat. Selbst das bringt aber keine absolute Sicherheit. Deshalb ist es empfehlenswert, zumindest das automatische Ausführen von aktiven Inhalten in solchen Dokumenten zu unterbinden. Bei aktuellen Office-Anwendungen geht dies unter *Datei/ Optionen /Trust Center/ Einstellungen für das Trust Center.../ Alle Makros mit Benachrichtigung deaktivieren*. Bei älteren Office-Versionen finden sich ähnliche Einstellungen mit teilweise etwas

Schützen und Vorbeugen

abweichenden Bezeichnungen, wie etwa „Sicherheitscenter" anstelle von „Trust Center".

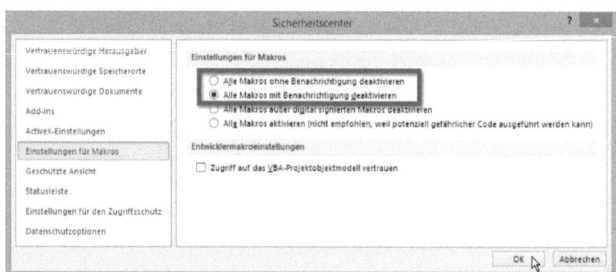

Mit dieser Einstellung wird bei aktiven Inhalten anstelle des Ausführens eine gelbe Warnleiste oberhalb des Dokuments angezeigt. Nur wenn man hier auf *Ausführen* klickt, kann der Inhalt zur Ausführung kommen. Um unerfahrene Benutzer davon abzuhalten, diese Schaltfläche unbedarft anzuklicken, kann man alternativ auch die Option *Alle Makros ohne Benachrichtigung deaktivieren* wählen. Dann bleiben aktive Inhalte einfach blockiert und können auch nicht nachträglich aktiviert werden.

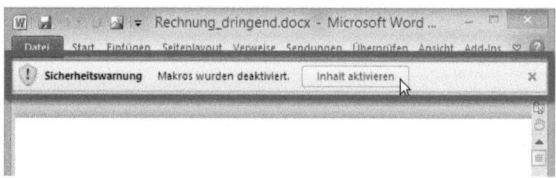

Fragwürdige Office-Dokumente nur im Viewer betrachten
Eine weitere Möglichkeit, der Gefahr aktiver Inhalte in Office-Dokumenten zu begegnen, sind spezielle Viewer für Office-Formate. Microsoft selbst bietet beispielsweise kostenlose Viewer für Word-, Excel- und PowerPoint-Dateien an. Mit solchen Viewern zeigt man einfach nur den Inhalt an, kann die Dokumente aber nicht bearbeiten. Vor allem aber enthalten Viewer nicht die Mechanismen zum Ausführen von aktiven Inhalten, so dass entsprechende Makros ins Leere laufen. Wenn Sie also Dokumente erhalten, die Sie unbedingt öffnen möchte, aber nicht sicher sind, dass diese keine schädlichen Inhalte haben, verwenden Sie einen Viewer.

Word Viewer:

http://www.microsoft.com/de-de/download/details.aspx?id=4

Excel Viewer:

http://www.microsoft.com/de-de/download/details.aspx?id=10

PowerPoint Viewer:

http://www.microsoft.com/de-de/download/details.aspx?id=6

Den Windows Scripting Host deaktivieren

Manche Erpressungs-Trojaner machen sich die in Windows integrierten Mechanismen zur Automatisierung zu Nutze. Dazu gehört insbesondere der Windows Scripting Host, der mit einfachen Skriptbefehlen das Steuern vieler Windows-Funktionen ermöglicht. Deshalb ist es ein immer wieder als Schutzmaßnahme empfohlener Schritt, den Windows Scripting Host zu deaktivieren. Das ist nicht ganz unproblematisch, weil auch nicht wenige reguläre Anwendungen diese Mechanismen verwenden. Auch diese sind von einem solchen Schritt betroffen und funktionieren anschließend nicht mehr (vollständig). Deshalb sollte man diese Maßnahme nicht leichtfertig vornehmen, sondern gut überlegen und sorgfältig dokumentieren. Schon mancher hat aufgrund einer Empfehlung den Scripting Host deaktiviert, dies bald vergessen und sich dann ein paar Monate später gewundert, warum ein bestimmtes Programm bei ihm nicht so funktioniert, wie es sollte. Andererseits kommt vermutlich die Mehrheit der typischen Windows-Anwender ganz gut ohne den Scripting Host aus und bei Bedarf kann er auch ebenso schnell wieder reaktiviert werden.

Zum Deaktivieren des Windows Scripting Host benötigen Sie den Registry-Editor. Sollten Sie im Umgang damit noch keine Erfahrung haben, können Sie mehr dazu in meinem Online-Workshop zu diesem Thema lesen:

www.gieseke-buch.de/allgemein/registry-workshop-teil-1

Schützen und Vorbeugen

1. Starten Sie den Registry-Editor *regedit.exe* und bestätigen Sie die Rückfrage der Benutzerkontensteuerung.

2. Öffnen Sie den Schlüssel *HKEY_LOCAL_MACHINE\ Software\ Microsoft \Windows Scripting Host\ Settings*.

3. Klicken Sie in der rechten Hälfte mit der Maustaste und wählen Sie im Kontextmenü *Neu/Zeichenfolge*.

4. Geben Sie der Zeichenfolge den Namen *Enabled*.

5. Öffnen Sie den neuen Eintrag dann mit einem Doppelklick und setzen Sie den Wert auf *0*.

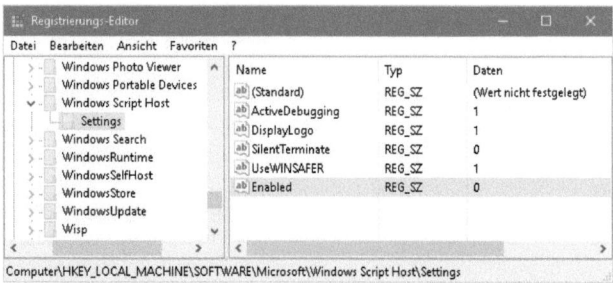

Mit dieser Einstellung ist der Windows Scripting Host deaktiviert. Sollten sich dadurch Probleme bei regulären Anwendungen ergeben, ändern Sie den Wert auf 1, um das Ausführen von Skripten wieder zu ermöglichen.

Spezialtools gegen Trojaner

Antiviren-Programme bieten an sich einen guten Basisschutz, sofern sie über häufig aktualisierte Updates und fähige Suchheuristiken verfügen. Darüber hinaus gibt es Programme, die sich auf den Schutz gegen (Erpressungs-)Trojaner spezialisiert haben. Sie können parallel zur vorhandenen Antiviren-Software eingesetzt werden und ergänzen diese.

Spezialtools gegen Trojaner

Verhaltensbasierte Erkennung

Ein Ansatzpunkt speziell gegen Erpressungs-Trojaner ist das verhaltensbasierte Erkennen typischer Aktivität. Wenn beispielsweise ein Prozess plötzlich beginnt nacheinander immer mehr Dateien zu manipulieren und gleichzeitig deren Namen zu verändern, ist dies ein starkes Indiz dafür, dass sich hinter diesem Prozess ein Trojaner verbirgt. Der Vorteil dieses Ansatzes: Er ist nicht abhängig von binären Signaturen der Übeltäter, sondern kann sie ganz generisch an ihrem Verhalten erkennen. Es ist also nicht nötig, ständig Signatur-Updates auszuliefern, auch wenn sicher hin und wieder Ergänzungen bei neuen Vorgehensweisen erforderlich sein werden. Andererseits kann ein solcher Wächter immer nur eingreifen, nachdem ein Trojaner bereits zumindest die ersten Dateien verschlüsselt hat. Er schützt also vor umfangreichen Verlusten, macht Backups aber nicht überflüssig.

Einige Hersteller von Antiviren-Programmen werben damit, entsprechende Funktionen in ihre Produkte zu integrieren. Wie gut und effektiv diese arbeiten, lässt sich schwer abschätzen, da ein solches Antiviren-Programm verschiedene Schutzmechanismen kombiniert (beispielsweise Signaturen, Heuristiken und verhaltensbasierte Erkennung). Der Hersteller MalwareBytes (_malwarebytes.org_) entwickelt ein separates Programm namens *Anti-Ransomware* für die verhaltensbasierte Erkennung, das parallel zum vorhandenen Virenscanner eingesetzt werden kann. Es befindet sich derzeit in einer Testphase, läuft aber schon sehr vielversprechend und vor allem effektiv. Die Testversion kann kostenlos verwendet werden.

Anti-Ransomware braucht im Grunde genommen einfach nur einmalig installiert zu werden. Es richtet einen Hintergrunddienst ein, der automatisch mit Windows startet und das System auf verdächtige Aktivitäten überwacht. Einstellungen sind nicht vorzunehmen. Man kann sich nur unter *Quarantine* informieren, ob und ggf. welche Aktivitäten unterbunden wurden.

Schützen und Vorbeugen

Eine wichtige Funktion hat außerdem der Punkt *Exclusions*. Sollten nach dem Installieren von Anti-Ransomware einzelne Anwendungen nicht mehr ordnungsgemäß funktionieren, können Sie diese hier als Ausnahmen definieren. Klicken Sie dazu unten auf *Add File* und wählen Sie dann die ausführbare Programmdatei der betroffenen Anwendung aus. Diese wird von Anti-Ransomware ab sofort ignoriert und sollte dann wieder einwandfrei laufen.

Typische Einfallswege blockieren

Ein anderer Ansatz ist es, die Vorgehensweise von bekannten Trojanern zu analysieren, daraus typische Einfallswege abzuleiten und diese zu verschließen. Der Vorteil dabei: Ist diese Methode erfolgreich, entzieht man Erpressungs-Trojanern damit erfolgreich den Bewegungsspielraum, so dass die Schutzwirkung ab der ersten Datei einsetzt (im Gegensatz zur verhaltensbasierten Erkennung). Der Nachteil: Die dabei implementierten Regeln sind teilweise recht rigoros und können auch andere Programme an der (beabsichtigten und gewünschten) Nutzung des PCs hindern.

Spezialtools gegen Trojaner

Ein Programm, das im Wesentlichen mit diesem Ansatz arbeitet, ist CryptoPrevent. Es kann in einer Basisversion kostenlos genutzt werden. Der Nachteil dabei ist, dass diese Basisversion sich nicht automatisch aktualisiert. Wer sparen will, muss also regelmäßig selbst ein Update im Menü des Programms anstoßen. Oder man investiert ein paar Euro in die Premium Edition und erhält dafür automatische Updates auf Lebenszeit (des Produkts).

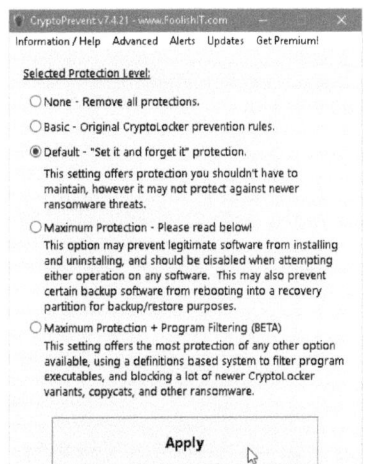

CryptoPrevent arbeitet im Wesentlichen mit dem Verändern der Windows-Gruppenrichtlinien. Das klappt auch bei Home-Editionen von Windows, die zwar keinen Gruppenrichtlinieneditor mitbringen, aber trotzdem Gruppenrichtlinien haben, die vom Programm angepasst werden können.

Beim Start des Programms kann man die gewünschte Schutzebene auswählen. Dabei ist die Standardebene *Default* vorausgewählt. Sie aktiviert alle bewährten Schutzregeln, ohne dass der PC dadurch eingeschränkt wird. Die *Maximum Protection*-Stufe(n) bieten noch mehr Schutz, können aber unter Umständen schon Probleme bei regulärer Nutzung verursachen, etwa beim Installieren bzw. Deinstallieren von Software. Ggf. muss man vor solchen Operation dann die Schutzebene auf *Default* zurücknehmen. Mit der *Apply*-Schaltfläche unten wird die gewählte Schutzebene aktiviert.

CryptoPrevent fragt dann nach, ob alle derzeit auf dem PC laufenden Anwendungen in eine Whitelist zulässiger Programm aufgenommen werden sollen. Das ist praktisch, da diese Anwendungen dann nicht mehr von den Schutzmechanismen blockiert werden können. Allerdings sollten Sie dies nur erlauben, wenn Sie ganz sicher sind, dass sich zu diesem Zeitpunkt keinerlei Schädlinge auf

Schützen und Vorbeugen

Ihrem PC befinden. Nachdem das Programm die Gruppenrichtlinien entsprechend der gewählten Schutzstufe eingestellt hat, sollten Sie den PC einmal neu starten, damit die neuen Regeln auch sofort in Kraft treten.

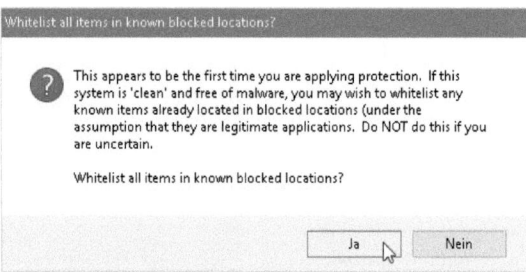

CryptoPrevent richtet keinen Hintergrunddienst ein, sondern verändert Einstellungen und insbesondere die Gruppenrichtlinien von Windows, um die gewünschte Schutzwirkung zu erzielen. Sie werden also nach dem einmaligen Ausführen kein Symbol in Infobereich finden. Wollen Sie später Änderungen an den Einstellungen vornehmen, starten Sie das Programm einfach erneut über das Startmenü.

Oben im Programmfenster findet sich eine Menüzeile, wobei in der kostenlosen Edition der Punkt *Updates* wichtig ist. Wie erwähnt, muss das Programm in dieser Edition regelmäßig manuell aktualisiert werden. Wer in die Details der Schutzregeln einsteigen und eigene Anpassungen vornehmen will, kann diese unter *Advanced/Show More Advanced Options* tun. Hierfür sind allerdings Kenntnisse der Windows-Interna von Vorteil, um die Vor- und Nachteile der verschiedenen Optionen abwägen zu können. Hinter *Alerts* versteckt sich ein Protokoll der Aktivitäten von CryptoPrevent, in dem man verfolgen kann, ob und wann das Programm eingreifen musste.

Abschließend noch ein wichtiger Hinweis: Falls Sie CryptoEvent nach dem Testen wieder deinstallieren wollen, sollten Sie es zuvor noch einmal starten und als Schutzebene *None* wählen. Damit werden alle Änderungen, die das Programm an den Gruppenrichtlinien vorgenommen hat, rückgängig gemacht.

Solide Backup-Strategie gegen Datei-Erpresser

Das beste Mittel gegen Erpressungs-Trojaner ist eine solide, konsequent ausgeführte Backup-Strategie. Solange Sie jederzeit über eine aktuelle und umfassende Sicherung Ihrer Dokumente verfügen, kann Ihnen kein Trojaner etwas anhaben. Selbst wenn der Ernstfalle eingetreten ist und wichtige Dokumente verschlüsselt wurden, können Sie diese einfach löschen und durch die intakten Originale ersetzen (nachdem der Trojaner selbst entfernt wurde). Im schlimmsten Fall verlieren Sie dabei die Änderungen an den Dokumenten, die Sie seit der letzten Sicherung vorgenommen haben. Deshalb spielt auch die Aktualität der Sicherung eine große Rolle: Je aktueller, desto geringer der Schaden.

3-2-1: Die optimale Backupstrategie

Das Ziel einer perfekten Backupstrategie lässt sich mit den Zahlen 3-2-1 beschreiben, wobei diese Zahlen für folgendes Prinzip stehen: **drei** Kopien auf **zwei** verschiedenen Datenträgern, von denen **einer** sich in einem anderen Gebäude befindet. Drei Kopien bedeutet, dass Sie neben der letzten Sicherung immer auch mindestens noch auf die vorletzte zurückgreifen können. Selbst wenn die letzte Sicherung fehlerhaft war oder bereits von einem Trojaner verschlüsselte Dateien enthielt, bleibt immer noch die vorletzte, die diesen Makel in der Regel nicht aufweist. Zwei verschiedene Datenträger sind sinnvoll, weil einer allein durch einen Defekt, Diebstahl oder äußere Beschädigung (beispielsweise Feuer oder Wasserschaden) verloren gehen kann. Hierzu trägt auch bei, dass sich einer der beiden in einem anderen Gebäude befinden sollte. Selbst bei einem Gebäudebrand bleibt der zweite Datenträger verschont. Sind beide Orten weit genug voneinander entfernt, wären die Daten mit diesem Prinzip sogar bei Katastrophen wie Erdbeben oder Reaktor-GAUs sicher. Nun ist das 3-2-1-Prinzip ein Optimum, das nur mit einigem Aufwand erreicht werden kann. Aber man kann versuchen, mit vertretbarem Aufwand so nahe wie möglich heranzukommen.

Schützen und Vorbeugen

Nun hört sich ein solches möglichst lückenloses Backup erstmal nach viel Aufwand an. Das muss es aber nicht sein. Mit dem richtigen Werkzeug brauchen Sie Sicherungsaufgaben nur einmalig sinnvoll konfigurieren und testen. Danach kann das Ganze mehr oder weniger automatisch ablaufen. Und das Schöne daran: Ein solches reibungs- und lückenloses Backup schützt Sie nicht nur vor Trojanern, sondern auch vor anderer Malware, vor Festplattendefekten und sogar vor eigener Fehlbedienung durch Unachtsamkeit oder versehentliches voreiliges Löschen von Dateien oder Inhalten.

Bestandsaufnahme: Was kann wo gesichert werden?

Bevor es an eine konkrete Backupstrategie und deren Umsetzung geht, sollten Sie eine Bestandsaufnahme machen, die sich an zwei Faktoren orientiert:

- **Was muss gesichert werden?** Hierzu müssen Sie Ihren Datenbestand aufmerksam durchforsten und die Laufwerke bzw. Ordner sammeln, in denen sich schützenswerte Dateien befinden. Idealerweise gibt es ein zentrales, übergeordnetes Verzeichnis, das alles beherbergt und das als Ausgangspunkt für Sicherung dienen kann. Dabei wäre es allerdings sinnvoll, dass sich darin tatsächlich möglichst nur sicherungswürdige Dokumente befinden. Alles andere bläht den Speicherbedarf und die benötigte Zeit unnötig auf. Haben Sie Ihre Dateien auf verschiedene Ordner oder gar Laufwerke verteilt, wird es etwas aufwändiger. Vielleicht ist dies aber auch eine Gelegenheit, das eigene Vorgehen kritisch zu prüfen und ggf. umzustrukturieren. Wichtig ist nur, dass am Ende eine Liste aller der Ordner steht, die bei der Sicherung berücksichtigt werden müssen. Auch der aktuelle Speicherbedarf der Daten sollte erfasst werden.

- **Welche Sicherungsziele stehen zur Verfügung?** Die zweite Frage ist, wohin gesichert werden kann. Oft stehen dafür schon Möglichkeiten bereit, wenn man darüber nachdenkt, etwa USB-Sticks bzw. externe Festplatten, Speicherlaufwerke im lokalen Netzwerk oder auch Online-Speicher in der Cloud. Auch hier sollte die jeweilige Kapazität ermittelt werden.

Solide Backup-Strategie gegen Datei-Erpresser

Nach dieser Bestandaufnahme sollten Sie einen Überblick haben, wieviele Daten gesichert werden müssen (mit einem gehörigen Zuschlag für zukünftige Ergänzungen) und welche Speichermöglichkeiten mit entsprechender Kapazität vorhanden sind. Wenn Sie dabei zur Erkenntnis kommen, dass Speicherbedarf und -angebot sich noch nicht in Einklang bringen lassen, dann wäre das der richtige Zeitpunkt in geeigneten Speicher zu investieren. Meine Empfehlung wäre dabei eine externe USB-Festplatte ausreichender Größe. Wenn man nicht gerade umfangreiche Videofilme sichern möchte, sollte eine Platte mit 500GB oder einem TB ausreichen. Wichtig bzw. empfehlenswert ist allerdings ein Modell mit USB 3.0-Anschluss, um Geschwindigkeit und damit Komfort zu steigern.

Das richtige Sicherungsziel auswählen

Im Hinblick auf Erpressungs-Trojaner kommt der Auswahl des Sicherungsziels eine besondere Bedeutung zu. Zur Strategie dieser Trojaner gehört es, Dateien nicht nur auf der lokalen Festplatte zu verschlüsseln. Stattdessen greifen sie alle Speicherlaufwerke an, die sie erreichen können. Dazu gehören auch USB-Sticks, externe Laufwerke, Speicherkarten oder Netzlaufwerke. Es wäre nicht sinnvoll, Sicherungen auf Laufwerken zu speichern, die für Trojaner erreichbar sind. Denn dann könnte die Schadsoftware die Backupdaten ebenfalls verschlüsseln und es wäre nichts gewonnen. Ein einfacher Test zeigt Ihnen, welche Speicherziele gefährdet sind: Wenn Sie ein Speicherziel direkt mit dem Windows Explorer ansteuern können, ohne ein Passwort eingeben zu müssen, ist das ein schlechtes Zeichen. Wenn Sie nun noch auf diesem Medium eine Datei erstellen bzw. eine vorhandene Datei verändern können, ist das ein Ausschlusskriterium. Denn ein Trojaner könnte es dann ganz genauso machen.

Damit ein Speicherziel für Trojaner nicht erreichbar ist gibt es prinzipiell zwei Möglichkeiten:

▻ **Das Speicherziel wird nur für die Dauer der Sicherung mit dem PC verbunden:** Dies ist beispielsweise mit einem externen USB-Laufwerk möglich. Man steckt es ein, führt die Sicherung durch, stöpselt es aus und verstaut es an einem sicheren

Schützen und Vorbeugen

Ort bis zur nächsten Sicherung. Das ist etwas umständlich, lässt sich aber teilweise automatisieren.

▶ **Das Speicherziel kann nur nach Eingabe eines Passworts erreicht werden:** Dies ist beispielsweise mit einem Netzlaufwerk (NAS) möglich. Im einfachsten Fall können Sie den USB-Anschluss Ihres Routers (beispielsweise bei den meisten Fritzboxen möglich) dafür verwenden. Der Zugriff erfolgt über das Netzwerk, aber nur nach dem Anmelden mit Benutzernamen und Passwort. Das Backup-Programm kann so konfiguriert werden, dass es sich automatisch anmeldet. Dem Trojaner wird das mangels Kenntnis der Zugangsdaten nicht gelingen.

Beide Varianten werden auf den nachfolgenden Seiten ausführlich und im praktischen Einsatz vorgestellt.

Sicherungsumfang und -häufigkeit bestimmen

Abhängig vom Volumen der zu sichernden Daten, dem verfügbaren Speicherplatz auf Sicherungsmedien und Ihrer Nutzungsintensivität des PCs können Sie dann daran gehen, den Umfang und die Häufigkeit der Sicherungen zu bestimmen. Folgende Anregungen sind dabei vielleicht hilfreich:

▶ Es ist sinnvoll, immer mindestens **zwei Sicherungen** zu haben: Die zuletzt erstellte und die vorherige. Sollte sich herausstellen, dass mit der letzten etwas nicht in Ordnung war, kann man notfalls auf die frühere zurückgreifen. Sowie eine neue Sicherung erstellt wurde, kann man die vorletzte löschen. Mit einem guten Backup-Programm lässt sich das automatisieren (siehe die folgenden Abschnitte).

▶ Berücksichtigen Sie beim Abschätzen des Platzbedarfs **inkrementelle Sicherungen**. Dabei wird einmal eine Komplettsicherung erstellt und danach nur noch die wirklichen Änderungen gesichert, also nur die seit der letzten Sicherung bearbeiteten bzw. hinzugekommenen Dateien. Während die Komplettsicherung viel Zeit und Platz benötigt, sind die nachfolgenden Inkrement-sicherungen wesentlich schlanker. Allerdings kann man nicht nur Inkrementsicherungen machen, denn eine Wiederherstellung daraus ist nur möglich, wenn die ursprüngliche Komplettsicherung und alle nachfolgenden Inkrementsicherungen noch vorhanden sind. Man dürfte also niemals Sicherungsdaten löschen. Eine sinnvolle Strategie könnte aber sein, einmal pro Woche eine Komplettsicherung und dann sechs Tage lang Inkrements zu machen. Danach geht es wieder von vorne los. Ab der dritten Woche kann man die älteste Komplettsicherung mit ihren Inkrements löschen, um Speicherplatz freizugeben.

- Es muss **nicht immer nur eine Sicherung** sein. Prinzipiell können Sie auch zwei oder mehr Sicherungsaufträge definieren. Einen allgemeinen, der alle Elemente umfasst, aber nicht so häufig ausgeführt wird. Und einen spezielleren, der nur die Ordner berücksichtigt, mit denen Sie praktisch täglich arbeiten, und der entsprechend häufig durchgeführt wird. Das reduziert den Speicher und Platzbedarf. Es kann lediglich im Ernstfall bei der Wiederherstellung etwas mühsamer sein, die letzte intakte Version einer Datei zu ermitteln.

- Für die Sicherungshäufigkeit **entscheidend ist, wie und wie intensiv der PC genutzt wird**. Schaltet man ihn nur alle zwei bis drei Tage ein, um Mails abzurufen und im Web zu surfen, reicht ggf. eine wöchentliche Sicherung. Benutzt man das Gerät beruflich und arbeitet täglich damit, sollte man mindestens einmal pro Tag eine Sicherung durchführen, vielleicht auch häufiger, etwa morgens, mittags und abends oder sogar stündlich (Inkrementsicherung).

Duplicati: Backups definieren und jederzeit ausführen

Das eigentliche Werkzeug zur Datensicherung ist ein geeignetes Backup-Programm. Windows bringt von Hause aus Sicherungsfunktionen mit, die nicht schlecht sind, sich aber nicht flexibel genug einsetzen lassen. Meine alternative Empfehlung ist der kostenlose Backup-Spezialist Duplicati (*www.duplicati.com*).

Schützen und Vorbeugen

- Damit kann man beliebige Sicherungen definieren, die manuell oder nach Zeitplan ausgeführt werden.

- Es lässt sich einfach der komplette Inhalt von Ordnern oder Laufwerken sichern. Ebenso kann man aber mit Filtern sehr genau festlegen, welche Arten von Dateien berücksichtigt oder ausgeschlossen werden sollen.

- Zusätzlich lassen sich Duplicati-Sicherungsaufträge mit der Windows-Aufgabensteuerung automatisch mit bestimmten Ereignissen verknüpfen.

- Duplicati kann nach einem ersten Komplettbackup weitere inkrementelle Sicherungen vornehmen, die weniger Speicherplatz benötigen und verschiedene Versionen der gesicherten Dokumente vorrätig halten.

- Es können selbst Dokumente gesichert werden, die gerade geöffnet sind bzw. durch Windows blockiert werden, so dass Sicherungen jederzeit zuverlässig erstellt werden.

- Das Programm unterstützt verschiedene Speicherziele einschließlich Cloudspeicher und kann seine Backup-Dateien durch Verschlüsselung schützen.

Wie Sie Duplicati zum Definieren und Durchführen von Sicherungen nutzen und möglichst komfortabel einsetzen, zeige ich auf den folgenden Seiten. Um das nachzuvollziehen, brauchen Sie das Programm lediglich herunterzuladen und zu installieren. Wichtig: Verwenden Sie dazu die aktuelle stabile Version 1.x, auch wenn diese schon etwas älter ist. Duplicati 2 befindet sich in der Entwicklung. Allerdings gibt es bislang nur Vorabversionen und da es eine grundlegende Neuentwicklung ist, sollte man mit dem produktiven Einsatz warten, bis diese fertiggestellt und gründlich getestet wurde. Bis dahin kann man guten Gewissens das solide und bewährte Duplicati 1 verwenden, das ebenfalls alle erforderlichen Funktionen beinhaltet.

Einen Sicherungsauftrag definieren

Nach der Installation finden Sie ein Symbol für Duplicati im Infobereich rechts unten in der Windows-Taskleiste. Hierüber lässt sich der Status von Duplicati kontrollieren und alle Funktionen erreichen. Um den zentralen Assistent zu starten, klicken Sie mit rechts auf das Symbol und wählen *Assistent*.

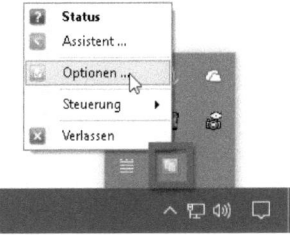

Bei allen Grundfunktionen wie dem Definieren eines Sicherungsauftrages oder dem Wiederherstellen von Dateien aus einer Sicherung werden Sie von einem Assistenten „an die Hand genommen", der Sie der Reihe nach durch alle Schritte führt.

1. Wählen Sie im ersten Schritt die Option *Eine neue Sicherung planen* und klicken Sie dann unten rechts aus *Weiter*.

2. Geben Sie nun eine Bezeichnung für die Sicherung an. Diese dient nur Ihrer eigenen Orientierung und ist vor allem wichtig, wenn Sie mehrere verschiedene Aufträge definieren. Wählen Sie einen aussagekräftigen Namen, damit Sie später nicht lange suchen müssen, wenn Sie eine Sicherung ausführen oder Einstellungen ändern möchten.

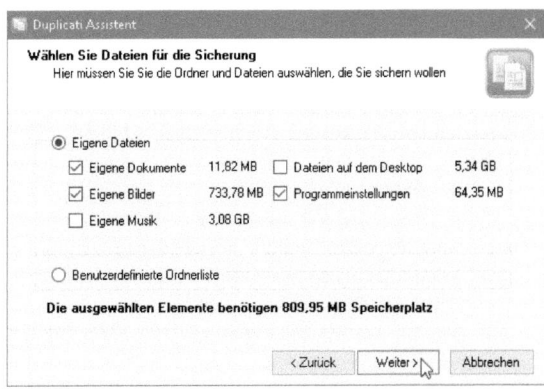

3. Der Assistent schlägt Ihnen dann vor, *Eigene Dateien* zu sichern. Diese sind nochmals unterteilt in Dokumente, Bilder, Musik usw., die Sie jeweils an- oder abwählen können. Das Programm berechnet dazu den ungefähren Speicherbedarf der verschiedenen Rubriken. Diese Variante ist die einfachste Art, schnell zu einer Sicherung wichtiger Daten zu kommen.

4. Alternativ können Sie auch ganz individuell festlegen, welche Dat(ei)en gesichert werden sollen. Wählen Sie dazu die Option *Benutzerdefinierte Ordnerliste*. Anschließend können Sie einen oder mehrere Ordner festlegen, deren Inhalt gesichert werden soll.

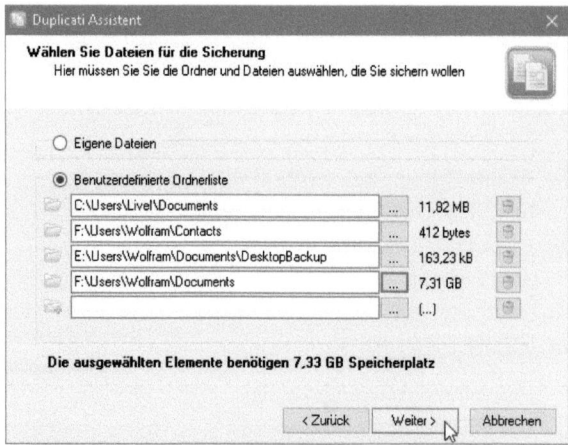

5. Im nächsten Schritt können Sie festlegen, ob die Sicherung mit einem Kennwort verschlüsselt werden soll. Man kann darauf verzichten. Allerdings können insbesondere externe Speichermedien durchaus in fremde Hände geraten, so dass dieser Schutz sinnvoll ist. Er benötigt auch keinen besonderen Aufwand. Man muss sich nur das Passwort gut merken bzw. es ggf. an einer sicheren Stelle notieren, da es im Bedarfsfall für das Wiederherstellen von Dateien aus der Sicherung benötigt wird. Mit der Option *Diese Einstellung für zukünftige Sicherungen verwenden* wird das einmal gewählte Passwort automatisch immer wieder verwendet.

Einen Sicherungsauftrag definieren

6. Um Tippfehler auszuschließen, muss das Kennwort anschließend direkt einmal eingetippt werden.

7. Nun wird der Speicherort angegeben an dem die Sicherungsdaten gespeichert werden sollen. Um auf einem externen USB-Medium zu sichern, verwenden Sie hier die Option *Dateibasierend*.

8. Legen Sie dann das Sicherungsziel fest, indem Sie die Option *Wechsellaufwerk wählen*. Dann können Sie direkt daneben den Laufwerksbuchstaben des USB-Mediums (das zu diesem Zeitpunkt angeschlossen sein muss) auswählen. Zusätzlich können Sie einen Ordnernamen für die Sicherungsdateien angeben. Sollte dieser auf dem Laufwerk noch nicht vorhanden sein, wird er anschließend angelegt. Sollte Duplicati Ihr USB-Medium nicht erkennen und den Laufwerksbuchstaben nicht zur Auswahl stellen, verwenden Sie stattdessen die Option Pfad und wählen Sie das Laufwerk auf diese Weise aus.

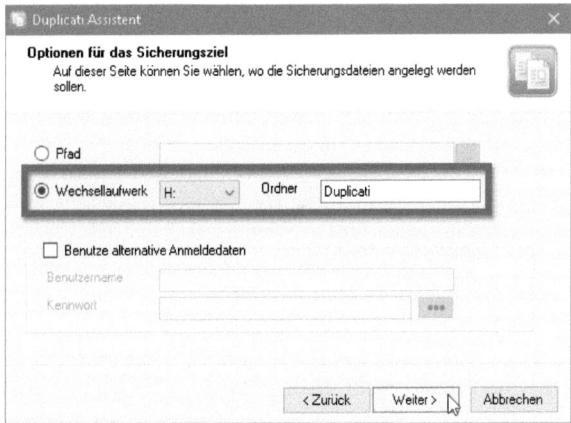

9. Damit ist die erste Basissicherung definiert. Sie können im letzten Schritt nach Bedarf weitere Einstellungen festlegen. Lassen die Option weg, werden sinnvolle Standardeinstellungen verwendet (siehe Hinweiskasten). Alle diese erweiterten Einstellungen lassen sich auch nachträglich noch anpassen.

Schützen und Vorbeugen

10. Schließlich erhalten Sie vom Assistenten eine Zusammenfassung des Sicherungsauftrags. Um diese Sicherung direkt im Anschluss einmal auszuführen, aktivieren Sie die Option *Die Sicherung jetzt starten*. Klicken Sie dann auf *Fertigstellen*.

> **Die Standardeinstellungen von Duplicati**
> Sofern Sie keine eigenen erweiterten Einstellungen vornehmen, wird jede Sicherung mit Standardeinstellungen konfiguriert. Diese sorgen dafür, dass der Sicherungsauftrag täglich um 13:00 Uhr ausgeführt wird. Dabei wird einmal pro Monat eine Komplettsicherung angelegt, dazwischen werden jeweils platzsparende Inkrement-Sicherungen erstellt, die nur geänderte Dateien berücksichtigen. Es werden immer bis zu vier Komplettsicherungen (einschließlich der dazugehörenden Inkrementsicherung) aufbewahrt. Nach dem Erstellen der fünften Komplettsicherung löscht Duplicati den ältesten Sicherungssatz automatisch, um Speicherplatz zu sparen.

Eine definierte Sicherung jederzeit manuell ausführen

Sowie Sie eine Sicherung definiert haben, wird im ersten Schritt des Duplicati-Assistenten eine neue Option angezeigt: *Eine Sicherung sofort ausführen*. Wählen Sie diese Option, können Sie im nächsten Schritt den Sicherungsauftrag auswählen und diesen dann mit *Fertigstellen* direkt ausführen. Die Option *Vollständige Sicherung erzwingen* sorgt dabei für ein Komplett-Backup, selbst wenn nach den Einstellungen dieser Sicherung eigentlich nur eine inkrementelle Sicherung dran wäre.

Dateien aus einer Sicherung wiederherstellen

Nicht nur im Ernstfall sollten Sie Ihre gesicherten Dateien aus einem Backup wieder herstellen können. Nach dem Einrichten einer Sicherung sollten Sie die Vorgehensweise mindestens einmal ausprobieren. Nicht nur, damit Sie wissen wie es geht. Vor allem aber dient diese Probe dem Test des Backups: Werden tatsächlich die richtigen Dokumente gesichert und lassen sie sich erfolgreich wiederherstellen.

Dateien aus einer Sicherung wiederherstellen

1. Auch für das Wiederherstellen von Dateien bemühen Sie den Duplicati-Assistenten. Wählen Sie dazu im ersten Schritt die Option *Dateien aus einer Sicherung wiederherstellen*. Sie steht erst zur Verfügung, wenn mindestens eine Sicherung verfügbar ist.

2. Wählen Sie im nächsten Schritt den Sicherungsauftrag aus.

3. Duplicati zeigt dann die vorhandenen Versionen dieser Sicherung an. Wählen Sie den passenden aus (in der Regel den zuletzt erstellten Sicherungssatz).

4. Sie können dann festlegen, in welchem Ordner die Dateien wiederhergestellt werden sollen. Ist die Sicherung sehr umfangreich, können Sie die Wiederherstellung außerdem mit *Nur die unten ausgewählten Elemente wiederherstellen* auf bestimmte Ordner oder sogar einzelne Dateien beschränken.

5. Die abschließende Zusammenfassung bestätigen Sie mit *Fertigstellen*.

6. Danach werden die Dateien im angegebenen Ordner wiederhergestellt.

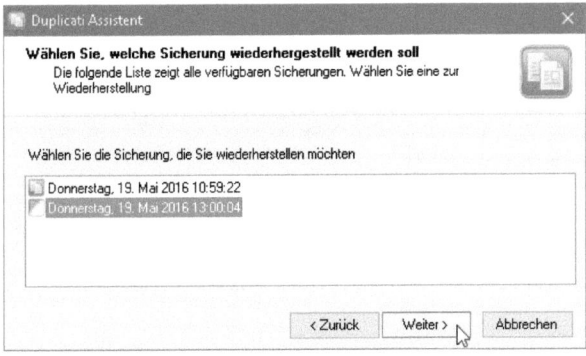

Duplicati repliziert beim Wiederherstellen die gesicherte Datenstruktur im angegebenen Ordner. Es werden also nicht automatisch die vorhandenen Dateien durch die gesicherten ersetzt, wenn Sie nicht den entsprechenden Ordner auswählen. Vielmehr haben Sie nach dem Wiederherstellen die Möglichkeit, ggf. selektiv bestimmte

Ordner oder auch einzelne Dateien aus den wiederhergestellten Elementen zu entnehmen und an ihre Position zu kopieren.

Backup beim Anschließen eines USB-Mediums starten

Haben Sie die Schritte des vorangegangenen Abschnitts nachvollzogen, können Sie nun manuell oder automatisch nach Zeitplan Backups Ihrer wichtigen Dokumente anlegen lassen und diese im Bedarfsfall auch wieder herstellen. Damit haben Sie das Rüstzeug für eine sinnvolle Backup-Strategie und können an einer komfortablen Umsetzung arbeiten, die man auch auf Dauer bereitwillig verwendet.

Die einfachste Methode dafür ist ein externes USB-Laufwerk als Sicherungsmedium. Dieses darf wie bereits ausgeführt aber nicht permanent an den PC angeschlossen sein, damit es nicht selbst von einem Trojaner angegriffen werden kann. Stattdessen sollte es immer nur kurzfristig eingesteckt werden, um eine Sicherung durchzuführen. Anschließend trennt man es wieder und bewahrt es an einem sicheren Ort auf. Diesen Vorgang kann man mit Duplicati und der Windows-Aufgabeplanung soweit automatisieren, dass beim Einstecken des Laufwerks automatisch der Sicherungsvorgang aktiviert wird. Das erfordert nur einmalig ein paar etwas aufwändigere Schritte.

Die ID der USB-Festplatte ermitteln

Als erstes benötigen Sie die ID der verwendeten USB-Festplatte, anhand derer Windows diese identifizieren kann. Sie dient dazu, das Anstecken der Platte automatisch zu erkennen und darauf zu reagieren. Zum Ermitteln verwenden Sie die Windows-Ereignisanzeige. Wichtig: Halten Sie die USB-Festplatte bereit, schließen Sie sie aber noch nicht an den PC an.

1. Drücken Sie die Windows-Taste und tippen Sie dann „ereignis" ins Suchfeld ein. Dann bietet die Windows-Suche Ihnen

Backup beim Anschließen eines USB-Mediums starten

automatisch die *Ereignisanzeige* zur Auswahl an (bei älteren Windows-Versionen heißt es *Ereignisprotokolle anzeigen*.

2. Wählen Sie links im Navigationsbereich den Pfad *Anwendungs- und Dienstprotokolle/ Microsoft/ Windows /DriverFrameworks-UserMode/ Betriebsbereit*.

3. Klicken Sie dann mit der rechten Maustaste nochmal auf den Eintrag *Betriebsbereit* und wählen Sie im Kontextmenü *Protokoll aktivieren*.

4. Schließen Sie nun die USB-Festplatte an und drücken Sie [F5], um die Ereignisanzeige zu aktualisieren.

5. Im mittleren Bereich werden nun eine Reihe von Einträgen angezeigt. Wählen Sie einen mit einem Ausrufezeichen und der Ebene *Ausführlich* aus.

6. Warten Sie, bis dessen Inhalt unterhalb angezeigt wird und wechseln Sie dort in die Rubrik *Details*.

7. Markieren Sie dort den Text hinter *[instance]*. Dieser enthält eine eindeutige ID, unter der Windows dieses Laufwerk jederzeit wiedererkennen kann.

8. Kopieren Sie diesen Text und fügen Sie ihn zunächst in eine Textdatei ein. Dafür eignet sich beispielsweise das Programm *Editor* aus dem Windows-Lieferumfang.

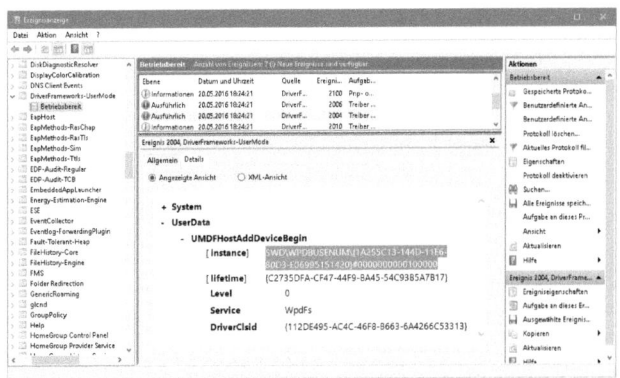

Schützen und Vorbeugen

> **Sonderzeichen aus dem ID-Text behandeln**
> Der ID-Text darf für die weitere Verwendung keine Sonderzeichen beinhalten, also nur aus Buchstaben, Ziffern und wenigen Standardzeichen wie etwa / oder { und } bestehen. Sind Sonderzeichen wie etwa ein & enthalten, muss dieses maskiert – also durch einen aus Standardzeichen bestehenden Code ersetzt werden. Das geht am einfachsten mit einem Online-Tool, wie man es beispielsweise unter *goerni.de/konverter.php* findet. Einfach die ID im oberen Formularfeld eingeben, auf *Absenden* klicken und die maskierte Version aus dem unteren Formularfeld kopieren. Speichern Sie diese maskierte Version in einer Textdatei zwischen.

Die Kommandozeile für das Ausführen der Sicherung kopieren

Zweiter Bestandteil ist eine Kommandozeile zum Ausführen der Sicherung. Üblicherweise wird Duplicati über die beschriebene Oberfläche interaktiv bedient. Zum Lieferumfang gehört aber auch eine Kommandozeilenversion, die einen einmal definierten Sicherungsauftrag jederzeit vorgabengemäß per Kommandozeile ausführt. Wie diese Kommandozeile genau aussehen muss, verrät Ihnen das Duplicati-Hauptprogramm.

1. Wählen Sie auf der Startseite des Assistenten *Eine vorhandene Sicherung bearbeiten*.

2. Wählen Sie dann die Sicherung aus, die Sie für die zu erstellenden Windows-Aufgaben verwenden möchten.

3. Klicken Sie sich mit *Weiter* durch die Schritte dieser Aufgabe (die Sie so bei Bedarf auch noch verändern können).

4. Im letzten Schritt (bevor Sie auf *Fertigstellen* klicken würden), wechseln Sie in die Rubrik *Command Line*.

5. Duplicati zeigt Ihnen dann die Kommandozeile(n) für diesen Sicherungsauftrag an. Markieren Sie den kompletten Text (am einfachsten mit Rechtsklick und *Alles auswählen*) und kopieren Sie ihn mit in die Datei, wo Sie bereits die ID Ihres USB-Laufwerks zwischengespeichert hatten.

Backup beim Anschließen eines USB-Mediums starten

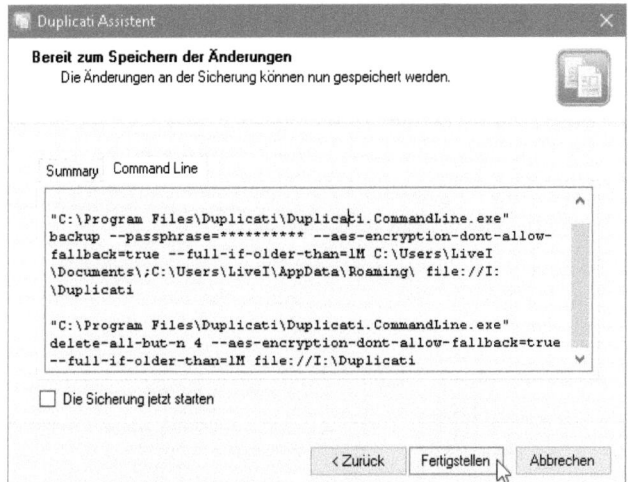

Zwei Kommandozeilen?
Der Sicherungsauftrag besteht aus zwei Kommandozeilen? Dann benötigen Sie beide. Das erste Kommando führt die Sicherung aus. Das zweite löscht anschließend – soweit vorhanden – alte, überflüssige Sicherungsdaten.

Eine Aufgabe für die automatische Sicherung erstellen

Mit den so vorbereiteten Daten können Sie nun eine Windows-Aufgabe erstellen, welche die Sicherung automatisiert.

1. Öffnen Sie über die *Systemsteuerung/ Verwaltung* die *Aufgabenplanung*.

2. Wählen Sie im Menü *Aktion/ Aufgabe erstellen*.

3. In der Rubrik *Allgemein* legen Sie einen Namen für die Aufgabe fest, an dem Sie sie später wiedererkennen können. Eine kurze Beschreibung können Sie nach Wunsch ergänzen.

4. Wechseln Sie dann in die Rubrik *Trigger* und fügen Sie der Aufgabe mit *Neu* einen Auslöser hinzu.

Schützen und Vorbeugen

5. Wählen Sie oben bei *Aufgabe starten* die Variante *Bei einem Ereignis*. Dann können Sie im Bereich darunter die Option *Benutzerdefiniert* einstellen.

6. Klicken Sie rechts auf *Neuer Ereignisfilter* und wechseln Sie im anschließenden Dialog direkt in die Rubrik *XML*.

7. Aktivieren Sie zunächst unten die Option *Manuell bearbeiten* und bestätigen Sie die Rückfrage mit *Ja*.

8. Fügen Sie dann den folgenden Text in das Eingabefeld ein, wobei Sie den Text **_ID_** durch die zuvor gespeicherte maskierte ID des USB-Laufwerks ersetzen.

```
<QueryList>
  <Query Id="0" Path="Microsoft-Windows-DriverFrameworks-UserMode/Operational">
    <Select Path="Microsoft-Windows-DriverFrameworks-UserMode/Operational">*[UserData[UMDFHostAddDeviceEnd[@instance="**_ID_**"]]]</Select>
  </Query>
</QueryList>
```

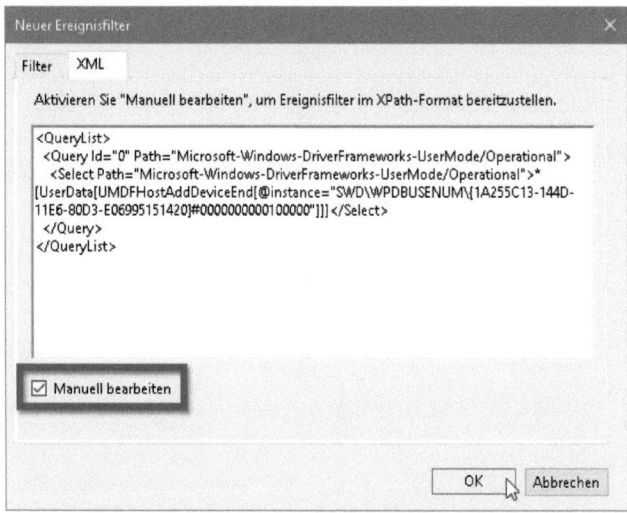

9. Klicken Sie dann *OK*, bis Sie zurück zum *Aufgabe erstellen*-Dialog gelangen.

Backup beim Anschließen eines USB-Mediums starten

10. Wechseln Sie hier nun in die Rubrik *Aktionen* und erstellen Sie mit *Neu* eine neue Aktion.

11. Diese sollte vom Typ *Programm starten* sein. Dann können Sie im Feld *Programm/Skript* den Pfad zur Datei *Duplicati.CommandLine.exe* angeben. Den können Sie der zuvor kopierten Duplicati-Kommandozeile entnehmen. Wichtig: Enthält der Pfad Leerzeichen, muss er in Anführungszeichen gesetzt werden.

12. Im Feld *Argumente hinzufügen (optional)* fügen Sie die Parameter der Kommandozeile ein, also den Teil, den Duplicati hinter den Programmaufruf angefügt hat. Hier sind keine Anführungszeichen erforderlich. Wichtig: Wenn Sie ein Passwort festgelegt haben, enthält die Kommandozeile den Parameter --*passphrase*=*********. Ersetzen Sie in diesem Fall die Sternchen durch das Passwort.

13. Hat Ihnen der Duplicati-Assistent mehr als eine Kommandozeilen generiert, wiederholen Sie die Schritte 10 bis 12 anschließend für jede der Kommandozeilen.

14. Klicken Sie anschließend *OK*, um die Aufgabe zu speichern und zu aktivieren.

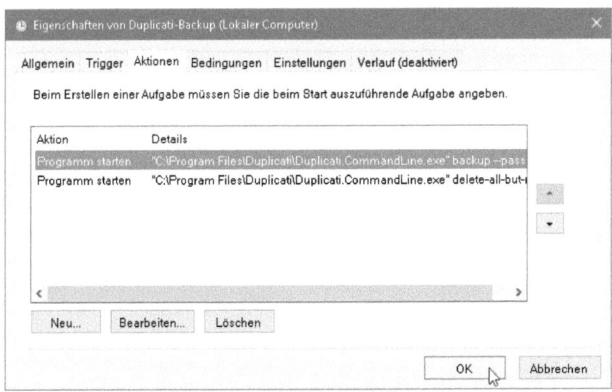

Nun kann es ans Testen der Aufgabe gehen. Entfernen Sie zunächst das USB-Laufwerk, wenn es noch eingesteckt sein sollte und warten Sie kurz. Notieren Sie sich Datum und Uhrzeit für den späteren

Abgleich. Schließen Sie dann das USB-Laufwerk an. Nach kurzer Zeit sollte ein Windows-Konsolenfenster auf dem Bildschirm angezeigt werden. Diese ist einfach nur leer, bzw. es ist eventuell ganz kurz etwas zu sehen. Umfasst die Aufgabe mehr als eine Kommandozeile, wird für jede ein eigenes Konsolenfenster angezeigt. Warten Sie ab, bis diese von alleine wieder verschwinden. Danach sollte die Sicherung ausgeführt sein. Starten Sie nun mit dem Duplicati-Assistenten das Wiederherstellen aus dieser Sicherung. Sie müssen es nicht wirklich durchführen, aber gehen Sie bis zu dem Schritt, wo Sie den wiederherzustellenden Sicherungszeitpunkt auswählen können. Hier sollte nun eine Sicherung zu dem Zeitpunkt angezeigt werden, den Sie zu Beginn des Tests notiert hatten,

Wenn das der Fall ist, können Sie davon ausgehen, dass die Aufgabe funktioniert. In Zukunft können Sie einfach jederzeit das USB-Laufwerk anschließen und es wird automatisch eine neue Sicherung erstellt. Sollte die Eingabekonsole dabei länger auf dem Bildschirm angezeigt werden (das hängt vom Umfang der Sicherung ab), können Sie sie einfach in den Hintergrund schicken und weiterarbeiten. Nur schließen sollten Sie sich nicht. Außerdem empfiehlt es sich, sich hin und wieder auf die beschriebene Weise davon zu überzeugen, dass tatsächlich Sicherungen erstellt werden und ggf. wiederherstellt werden könnten.

> **Fehlersuche - falls die Aufgabe nicht klappt**
> Falls das automatische Sichern beim Anschließen eines Laufwerks nicht auf Anhieb klappen sollte, prüfen Sie die einzelnen Schritte und vor allem die eingegebenen Daten nochmals nach. Als kleine Hilfestellung: Wird kurz nach dem Anschließen des Laufwerks eine Eingabekonsole auf dem Bildschirm angezeigt, sind die Trigger-Einstellungen in Ordnung und der Fehler ist bei der Aktion zu finden (Passwort angegeben?). Kommt gar nicht erst eine Konsole, überprüfen Sie die Laufwerks-ID und den XML-Text beim Trigger.

Sicherungen auf einem NAS speichern

Wenn Sie über ein Netzlaufwerk etwa in Form eines NAS oder einer an Ihren Router angeschlossenen Festplatte verfügen, bietet dies ebenfalls eine gute Möglichkeit, mit Duplicati regelmäßige

Sicherungen auf einem NAS speichern

Sicherungen auszuführen. Diese lassen sich sogar vollautomatisch nach Zeitplan durchführen, ohne dass ein Eingreifen durch den Benutzer erforderlich wäre. Es gibt allerdings eine wichtige Voraussetzung: Damit nicht auch ein Trojaner auf das Netzlaufwerk zugreifen kann, muss es mit einem Zugangsschutz versehen werden.

Im Folgenden Beispiel wird eine der verbreiteten Fritzboxen verwendet. Sie verfügt über einen USB-Anschluss, in den ein USB-Stick oder eine externe Festplatte eingesteckt werden können. Die Fritzbox selbst kann diesen Speicher dann als Netzlaufwerk bereitstellen. Der Zugriff kann mit einem Passwort beschränkt werden. Duplicati wiederum lässt sich so konfigurieren, dass es sich vor jeder Sicherung mit diesem Passwort anmeldet und so Zugang erlangt. Wenn Sie eine Fritzbox besitzen, ist dies eine der einfachsten Möglichkeiten für sichere und komfortable Backups. Sollten Sie einen anderen Router mit einem USB-Anschluss verwenden, prüfen Sie am Besten im Handbuch dieses Geräts, ob und wie sich dieses auf ähnliche Weise nutzen lässt.

Das Netzlaufwerk mit einem Zugangsschutz versehen

Wie bereits geschildert, können manche Erpressungs-Trojaner Dateien nicht nur auf der lokalen Festplatte verschlüsseln, sondern auch auf angeschlossenen externen Speichermedien sowie auf Netzlaufwerken. Voraussetzung dafür ist allerdings, dass sie mit den Rechten des angemeldeten Benutzers darauf zugreifen können. Um ein Backup auf einem Netzlaufwerk trojaner-sicher anzulegen, ist es deshalb unerlässlich, den Zugriff darauf mit einem Passwort zu schützen. Noch einmal der einfache Test: Wenn Sie mit dem Windows Explorer auf eine Netzlaufwerk zugreifen können, ohne dabei ein Passwort eingeben zu müssen, dann kann ein Trojaner das auch.

Wie man bei der verbreiteten Fritzbox einen Kennwortschutz für den Netzwerkspeicher festlegt, beschreibt die folgende Anleitung. Bei anderen Geräten mit dieser Funktion kann dies ebenfalls über die Weboberfläche konfiguriert werden, allerdings sind die Abläufe

Schützen und Vorbeugen

etwas anders. Lesen Sie ggf. im Handbuch Ihres Gerätes nach, wie es genau gemacht werden muss.

1. Öffnen Sie zunächst die Weboberfläche Ihrer Fritzbox, indem Sie im Browser die Adresse *http://fritz.box* eingeben. Zumindest in der Standardkonfiguration sollte Ihre Fritzbox so erreichbar sein.

> **Fritzbox bzw. Router nicht erreichbar?**
> Falls Sie bezüglich der Adresse Ihres Routers unsicher sind, klappt es meistens so: Öffnen Sei eine Windows-Eingabeaufforderung und geben Sie den Befehl *ipconfig* ein. Suchen Sie in der Ausgabe des Programms die Zeile *Standardgateway* und dort die numerische IP-Adresse, also etwas in der Form: 192.168.178.1. Verwenden Sie diese Adresse im Webbrowser, beispielsweise so: *http://192.168.178.1*.

2. Die Konfigurationsoberfläche ist durch ein Passwort geschützt. Falls Sie es nicht kennen, finden Sie es häufig auf einem Aufkleber an der Unterseite des Gerätes.

3. Wechseln Sie in der Weboberfläche mit dem Navigationsmenü am linken Rand in den Bereich *Heimnetz/Speicher (NAS)*.

4. Hier können Sie rechts den angeschlossenen USB-Speicher überprüfen und beispielsweise den freien Speicherplatz ablesen.

5. Wechseln Sie rechts in die Rubrik *Sicherheit*.

6. Sofern noch nicht geschehen, aktivieren Sie hier die Option *Kennwortschutz für Speicher (NAS) aktiv*. Geben Sie darunter ein NAS-Kennwort ein. Merken Sie sich dieses bzw. notieren Sie es an einem sicheren Ort. Klicken Sie dann unten auf *Übernehmen*. Der Kennwortschutz ist nun aktiviert.

Sicherungen auf einem NAS speichern

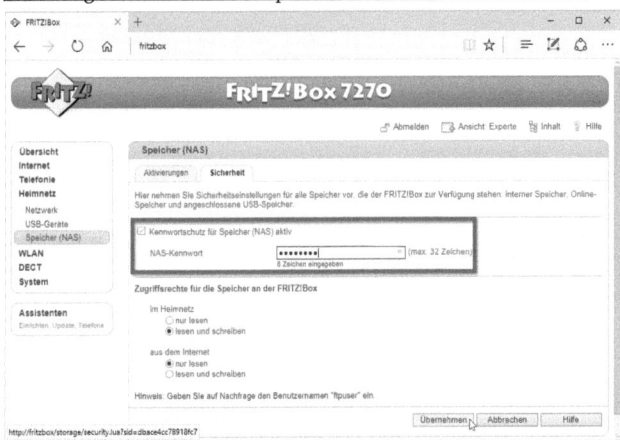

Duplicati-Backups auf einem geschützten Netzlaufwerk

Mit einem dermaßen gesicherten Netzlaufwerk können Sie in Duplicati einen Sicherungsauftrag erstellen, der seine Daten auf diesem Netzlaufwerk ablegt und sich zu diesem Zweck mit dem Kennwort dort anmeldet.

1. Wählen Sie im Assistenten im ersten Schritt die Option *Eine neue Sicherung planen* und klicken Sie dann unten rechts auf *Weiter*.

2. Geben Sie eine Bezeichnung für diese Sicherung an.

3. Wählen Sie dann aus, welche Daten gesichert werden sollen.

4. Geben Sie ggf. ein Kennwort für das sichere Verschlüsseln der Backupdateien an. Hinweis: Dieses hat nichts mit dem Kennwort für das Netzlaufwerk zu tun.

5. Wählen Sie auch für ein Netzlaufwerk die Sicherungsvariante *Datei-basierend*. Sollte Ihr NAS (nur) FTP beherrschen, können Sie stattdessen auch *FTP-basierend* verwenden. Allerdings ist der FTP-Transfer gerade bei vielen kleinen Dateien deutlich

Schützen und Vorbeugen

weniger effizient, so dass ich dies nur als Notlösung empfehlen würde.

6. Wählen Sie beim Sicherungsziel die Option *Pfad* und navigieren Sie dann zu dem Pfad des Netzlaufwerks. Sollte das NAS im Auswahldialog nicht angezeigt werden, können Sie den Pfad auch manuell eingeben. Bei der Fritzbox lautet er üblicherweise *fritzbox**<Name Speichermediums>*, also beispielsweise *fritzbox**JetFlash-Transcend64GB-01*.

7. Aktivieren Sie dann darunter die Option *Benutzer alternative Anmeldedaten*. Geben Sie dann in den Feldern *Benutzername* und *Kennwort* an. Hinweis: Wenn bei der Fritzbox nur ein Passwort angegeben werden kann, verwenden Sie als Benutzernamen für die Duplicati- Anmeldung *ftpuser*.

8. Stellen Sie den Sicherungsauftrag dann mit den gewünschten Einstellungen fertig.

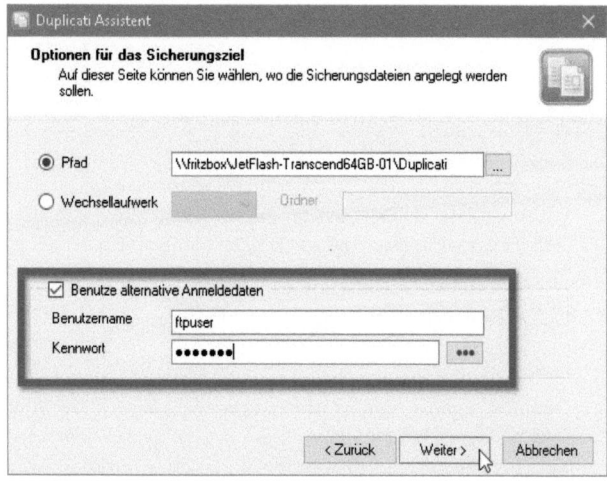

Ein so definierter Sicherungsauftrag kann einfach nach Zeitplan regelmäßig Sicherungen auf dem Netzlaufwerk erstellen. Vor dem direkten Zugriff durch Trojaner sind die Backups geschützt. Nach einer Infektion würde Duplicati zwar auch verschlüsselte Versionen der Dateien ins Backup schreiben. Aber sofern Sie genügend Siche-

Sicherungen auf einem NAS speichern

rungsversionen vorrätig halten, können Sie immer noch eine frühere, unverschlüsselte Fassung Ihrer Dokumente wiederherstellen.

Zum Schluss…

…möchte ich Ihnen für Ihre Aufmerksamkeit danken. Ich hoffe, dieser Ratgeber hilft Ihnen insbesondere beim Vermeiden von Erpressungs-Trojanern. Sollte es doch einmal passieren, helfen Ihnen die Erklärungen, Tipps und Internetadressen hoffentlich dabei, den Schädling möglichst schnell zu identifizieren, loszuwerden und den Schaden weitestgehend zu begrenzen.

Wenn Sie Frage haben, Feedback loswerden oder Ihre eigenen Erfahrungen mit Ransomware teilen möchten, besuchen Sie mich im Internet unter *gEdition.de*. Hier finden Sie auch weitere Informationen und Tipps zu diesem und anderen Themen meiner Bücher.

Eine Bitte in eigener Sache

Ich freue mich, wenn Sie Ihre positiven Eindrücke an andere potenzielle Leser weitergeben, beispielsweise durch persönliche Empfehlungen, das Verfassen einer Leserrezension auf einer der einschlägigen Plattformen oder auch durch Hinweise in Foren oder anderen sozialen Netzwerken.

Dieser Titel ist ohne Marketing-Budget und Vertriebsstrukturen großer Verlage erschienen, denen das Thema nicht profitabel genug erschien. Deshalb ist Mund-zu-Mund-Propaganda besonders wichtig. Wenn Sie also der Meinung sind, dass dieses Buch auch für andere Leser interessant und hilfreich sein könnte, dann sagen Sie es bitte weiter.

Vielen Dank.

Stichwortverzeichnis

aktive Inhalte 35
Anti-Ransomware 39
Antiviren-Software 33

Backup-Programm 47
Backupstrategie 43
Benutzerkontensteuerung 35
BSI 11
Bundesamt für Sicherheit in der Informationstechnik 11

CryptoPrevent 41

Dateiendung 31
Dateitypen 9
Desinfec't 23
Desinfizieren 18
Duplicati 47

Endung 31
Entschlüsselungsprogramm 29
Excel Viewer 37
externe Speichermedien 14

FBI 11
Fritzbox 61
Funktionsweise 8

Gruppenrichtlinien 41

Identifizieren 15

Kaspersky-Rescue Disk 25

Links 18
Live-System 23
Lösegeld zahlen 28

Makros 35
MalwareBytes 39

NAS 14, 60
Netzlaufwerk 60
Netzlaufwerke 14

Office-Dateien 35
Office-Viewer 36
Onlinerecherche 18

PowerPoint Viewer 37

Recherche 17
Registry 37
Rescue Disk 25

Säubern 18
Scripting Host 37
Sicherheitscenter 36
Sofortmaßnahmen 13

Trust Center 36

UAC 35
USB-Adapter 20

verhaltensbasierte
   Erkennung 39
Verschlüsselung
   entfernen.................27
Viewer.........................36
Virenorakel 21

Virenscanner 25
Virenschutz 33
Vorsichtsmaßnahmen. 34

Windows Scripting Host
  37
Windows-
   Gruppenrichtlinien. 41
Word Viewer 37

Zweit-PC 20

Der Windows 10 Pannenhelfer

Probleme erkennen – Lösungen finden – Fehler beheben

als eBook für 3,99 €
oder als Taschenbuch für 8,99 € (ISBN: 978-3-7392-4567-6)

weitere Informationen unter *www.gEdition.de*

Notizen